BERATEN IN DER ARBEITSWELT

Herausgegeben von
Stefan Busse, Heidi Möller, Silja Kotte und Olaf Geramanis

Viktoria Munk-Oppenhäuser /
Annemarie Herrmann / Matthias Munk

Schule und Supervision

Held:innenkräfte kultivieren

VANDENHOECK & RUPRECHT

Bibliografische Information der Deutschen Nationalbibliothek:
Die Deutsche Nationalbibliothek verzeichnet diese Publikation in der
Deutschen Nationalbibliografie; detaillierte bibliografische Daten sind
im Internet über https://dnb.de abrufbar.

© 2024 Vandenhoeck & Ruprecht, Robert-Bosch-Breite 10, D-37079 Göttingen,
ein Imprint der Brill-Gruppe
(Koninklijke Brill BV, Leiden, Niederlande; Brill USA Inc., Boston MA, USA;
Brill Asia Pte Ltd, Singapore; Brill Deutschland GmbH, Paderborn, Deutschland;
Brill Österreich GmbH, Wien, Österreich)
Koninklijke Brill BV umfasst die Imprints Brill, Brill Nijhoff, Brill Schöningh,
Brill Fink, Brill mentis, Brill Wageningen Academic, Vandenhoeck & Ruprecht,
Böhlau und V&R unipress.

Alle Rechte vorbehalten. Das Werk und seine Teile sind urheberrechtlich
geschützt. Jede Verwertung in anderen als den gesetzlich zugelassenen Fällen
bedarf der vorherigen schriftlichen Einwilligung des Verlages.

Umschlagabbildung: Malchev/Shutterstock.com

Satz: SchwabScantechnik, Göttingen
Druck und Bindung: ⊕ Hubert & Co, Göttingen
Printed in the EU

Vandenhoeck & Ruprecht Verlage | www.vandenhoeck-ruprecht-verlage.com

ISSN 2625-6061
ISBN 978-3-525-40030-2

Inhalt

Zu dieser Buchreihe 7

Vorwort von Prof. Dr. Trimpop 9

Vorbemerkungen: »Supervision kultiviert Heldenkräfte« 11

1 Schule, Schulpsychologie und Supervision als ein Beratungssystem 14

2 Schule von heute und die Notwendigkeit der Etablierung
  von Supervision 16
  2.1 Schule heute 16
  2.2 Beratungsangebote im System Schule 20
      2.2.1 Vom Erstkontakt zur Supervision 23
      2.2.2 Fallsupervision im schulischen Feld 26
      2.2.3 Selbstthematisierung pädagogischer Teams 28
      2.2.4 Supervision im Sinne einer Organisationsanalyse an Schulen ... 31
  2.3 Komplexität im schulischen System und triadischer Blick 32
  2.4 Settings von Beratung im schulischen System 35
      2.4.1 Einzelsupervision 35
      2.4.2 Gruppensupervision 36
          2.4.2.1 Gruppensupervision: Gesundheitsorientiertes Führen für
                  Schulleitungen 42
          2.4.2.2 Gruppensupervision: Lehrsupervision in der Beratungslehr-
                  kräfte-Weiterbildung 44
      2.4.3 Teamsupervision 46
      2.4.4 Orte für Supervision im Schulbereich 50
  2.5 Rechtliche Grundlagen von Supervision an Schulen 53

3	Systeminterne Supervision am Beispiel der Schulpsychologie	56
3.1	Schulpsychologie: Aufgaben, Kompetenzprofil und strukturelle Verortung	56
3.2	Hilfreiche Beratungskonzepte innerhalb der Schulpsychologie	59
3.3	Systeminterne Supervision an Schulen: Vor- und Nachteile am Beispiel der Schulpsychologie	60
	3.3.1 Feldkompetenz und Formatevielfalt	60
	3.3.2 Auftragsklärung und Dreieckskontrakt	63
	3.3.3 Personelle Ressourcenlage	68
	3.3.4 Finanzielle Ressourcenlage	70
3.4	Qualitätssicherung systeminterner Supervision	72
4	Erhöhung des Bekanntheitsgrades von Supervision an Schulen	75
5	Zukunftsthemen für gutes Lehren und Lernen an Schulen und ihre Verbindung zum Format Supervision	79
Literatur		86

Zu dieser Buchreihe

Die Reihe wendet sich an erfahrene Berater:innen, die Lust haben, scheinbar vertraute Positionen neu zu entdecken, neue Positionen kennenzulernen und die auch angeregt werden wollen, eigene zu beziehen. Wir denken aber auch an Kolleginnen und Kollegen in der Aus- und Weiterbildung, die neben dem Bedürfnis, sich Beratungsexpertise anzueignen, verfolgen wollen, was in der Community praktisch, theoretisch und diskursiv en vogue ist. Als weitere Zielgruppe haben wir mit dieser Reihe Beratungsforscher:innen, die den Dialog mit einer theoretisch aufgeklärten Praxis und einer praxisaffinen Theorie verfolgen und mit gestalten wollen, im Blick.

Theoretische wie konzeptuelle Basics als auch aktuelle Trends werden pointiert, kompakt, aber auch kritisch und kontrovers dargestellt und besprochen. Komprimierende Darstellungen »verstreuten« Wissens als auch theoretische wie konzeptuelle Weiterentwicklungen von Beratungsansätzen sollen hier Platz haben. Die Bände wollen auf je rund 90 Seiten den Leser:innen, die Option eröffnen, sich mit den Themen intensiver vertraut zu machen als dies bei der Lektüre kleinerer Formate wie Zeitschriftenaufsätzen oder Hand- oder Lehrbuchartikeln möglich ist.

Die Autorinnen und Autoren der Reihe werden Themen bearbeiten, die sie aktuell selbst beschäftigen und umtreiben, die aber auch in der Beratungscommunity Virulenz haben und Aufmerksamkeit finden. So werden die Texte nicht einfach abgehangenes Beratungswissen nochmals offerieren und aufbereiten, sondern sich an den vordersten Linien aktueller und brisanter Themen und Fragestellungen von Beratung in der Arbeitswelt bewegen. Der gemeinsame

Fokus liegt dabei auf einer handwerklich fundierten, theoretisch verankerten und gesellschaftlich verantwortlichen Beratung. Die Reihe versteht sich dabei als methoden- und Schulen übergreifend, in der nicht einzelne Positionen prämiert werden, sondern zu einem transdisziplinären und interprofessionellen Dialog in der Beratungsszene anregt wird.

Wir laden Sie als Leser:innen dazu ein, sich von der Themenauswahl und der kompakten Qualität der Texte für Ihren Arbeitsalltag in den Feldern Supervision, Coaching und Organisationsberatung inspirieren zu lassen.

Stefan Busse, Heidi Möller, Silja Kotte und Olaf Geramanis

Vorwort

Schule und Supervision: Das klingt – bei der Menge an Herausforderungen im schulischen System und einer gleichzeitig viel zu geringen Zahl an Beratungs- und Supervisionspersonen – nach einer schwierigen Konstellation. Die Herausforderungen erwachsen aus den Leitungs- und Lehrpersonen selbst, mit Ängsten, Sorgen, privaten und beruflichen Aufgaben, unzureichender Vorbereitung auf die Problemlösungsanforderungen im schulischen Alltag, Umgang mit Eltern, schwierigen Schüler:innen und längst nicht immer kollegialen Kolleg:innen. Besonders könnte auch das Schulumfeld, also Behörden, Eltern etc. von einem unterstützenden Reflektieren profitieren, denn nicht selten sind auch dort größere Konfliktfelder zu finden. Ein erfahrenes, unterstützendes Umfeld mit Personen, die die Lage einschätzen können und darüber hinaus einen verstehenden, aber auch positiv hinterfragenden und persönlichkeitsentwickelnden Ansatz verkörpern, ist notwendig. Auch bei immer größeren Nachwuchsproblemen kommt der Supervision ein besonderes Gewicht zu.

Aber wie macht man im Kontext Schule Supervision? Worauf muss geachtet werden? Was sollte man in bestimmten Situationen lieber nicht machen? Genau bei diesen Fragen aus und für die Praxis setzt das vorliegende Buch kompetent und mit vielen praktischen Einblicken an. Die Erkenntnisse basieren sowohl auf wissenschaftlich fundierten als auch den in der Praxis bewährten Erfahrungen. Es stellt somit ein exzellentes Werk zur Unterstützung der Aufgaben sowie zur Durchführung und dem Erleben von Supervision im Schulbetrieb dar. Besonders gelungen erscheint die Aufarbeitung der Themen an realistischen Fallbeispielen aus dem Schulalltag.

Ebenso gelungen ist die Bandbreite von rechtlichen, praktischen, zielgruppenspezifischen und psychologisch bedeutsamen Aspekten. Ein gut durchdachter Zukunftsteil wartet mit spannenden Themen zur weiteren Entwicklung auf. Darüber hinaus sind die Erkenntnisse auch für andere Supervisionsbereiche sehr nützlich und mit etwas Anpassungsfähigkeit übertragbar. Es ist daher ein rundum zu empfehlendes Werk für jede Person, die sich mit Supervision beschäftigt und sich weiterentwickeln möchte, und zeigt, welche Bedeutung und Unterstützung Psychologie und Beratung im System Schule für alle Beteiligten und Betroffenen bieten können.

Jena, Oktober 2023   Prof. Dr. Rüdiger Trimpop

Vorbemerkungen: »Supervision kultiviert Heldenkräfte«

Diesen Satz prägte eine Teilnehmerin an einem Kurs zur Ausbildung von Beratungslehrer:innen im Rahmen ihrer Lehrsupervision. Als Coach beziehungsweise Supervisorinnen und Referentinnen für Schulpsychologie trägt uns dieser Satz noch immer durch unsere beraterische Arbeit mit Schulen. Wir sind zwei Psychologinnen und ein psychologischer Berater, die das Arbeitsfeld und die Leidenschaft der reflexionsorientierten Beratung im schulischen System teilen.

Unter Supervision verstehen wir hierbei ein wissenschaftlich fundiertes, praxisorientiertes und nach ethischen Richtlinien ausgerichtetes Beratungsformat in der Arbeitswelt. Es werden Fragen und Problemfelder aus dem schulischen Alltag thematisiert, die sich im Spannungsfeld zwischen beruflichen Rollen, den Arbeitsbeziehungen zu Kolleg:innen, Schüler:innen und Eltern, konkretem Handeln der Supervisand:innen, ihren Aufgaben und den schulischen Strukturen bewegen. In Abgrenzung zu einer eher sachbezogenen Expert:innen- oder Fachberatung unterstützen Supervisor:innen kontinuierlich Reflexionsprozesse der höchst anspruchsvollen pädagogischen Beziehungsarbeit und auf diesem Weg die Weiterentwicklung von pädagogischer Professionalität und Handlungskompetenz (Schein, 2000; DGSv, 2023). Supervision richtet sich an Einzelpersonen, Gruppen, Teams oder die gesamte Organisation Schule.

In Deutschland arbeiten knapp 800.000 Pädagog:innen, die an allgemein- und berufsbildenden Schulen unterrichten. Einige von ihnen können aufgrund der vielen Herausforderungen, die sie jeden Tag bewältigen, nicht immer sehen, welch wichtigen und zukunftsweisenden Beitrag sie für die Entwicklung der Kinder und Jugendlichen leisten. Supervision im schulischen Bereich kann unserer Erfahrung nach für die Supervisand:innen ein herausforderndes Abenteuer, aber auch ein dringend notwendiges »Survivaltraining« sein, um pädagogische Held:innenkräfte für die Anforderungen in einem Schulsystem des 21. Jahrhunderts zu kultivieren.

Das vorliegende Buch haben wir als Ermunterung für Supervisor:innen geschrieben, die im Feld Schule wirksam sind oder es werden möchten. Dies können frei tätige Kolleg:innen sein und auch Berater:innen in Schulpsychologischen Diensten und Lehrerfortbildungsinstituten, die mit Fokus auf eine prozessbezogene, reflexive Beratungspraxis schulische Entwicklungen initiieren, begleiten und reflektieren können. Ebenso sprechen wir mit Blick auf das Auftragsdreieck der Supervision hoffnungsvoll Entscheidungsträger:innen in Schulen und Schulbehörden an, Supervision für Pädagog:innen und schulische Führungskräfte als Mittel der Professionalisierung, der Qualitätssicherung sowie der Gesunderhaltung fest im schulischen Alltag zu verankern.

Um aus der großen Landkarte »Schule und Supervision« die für uns bedeutsamsten Aspekte herauszugreifen, fokussieren wir uns auf zwei Schwerpunkte:

Schwerpunkt eins: Das Beratungsformat Supervision sollte die heutige Pädagogik auf dem Weg ins Morgen unterstützen. Da wir uns wünschen, dass Supervision zukünftig bestenfalls flächendeckend an Schulen implementiert ist (siehe auch Jetzschke, 2018), betrachten wir in unseren ersten Kapiteln das Feld Schule im Sinne einer spezifischen Arbeitswelt mit ihren Zielgruppen, Beratungsthemen und möglichen Settings, um diesen Wunsch zu begründen.

Der zweite Schwerpunkt speist sich aus unserem eigenen beruflichen Hintergrund: Wir betrachten das Beratungsformat der systeminternen Supervision aus unserer spezifischen Anbieter:innensicht und gehen auf einige ausgewählte Herausforderungen dieser Variante ein. Schulpsychologie von heute kann und sollte professioneller Anbieter von organisationsinterner Supervision für Schulen sein.

An einigen Stellen des Buches haben wir anonymisierte, kurze Fallvignetten eingefügt, um ein paar fachliche Beschreibungen im

Nachgang mit Situationen aus dem Beratungsalltag zu illustrieren. Sie sind in sich abgeschlossen und möchten das jeweils zuvor erläuterte Thema lebendiger darstellen. Noch ein Hinweis zum Gendern: Wir tun es einfach, denn es ist uns wichtig, Menschen aller Geschlechteridentitäten anzusprechen.

1 Schule, Schulpsychologie und Supervision als ein Beratungssystem

Das Feld der Beratung oder auch das Beratungssystem (nach Rappe-Giesecke, 2009), das wir betrachten möchten, ist ein sehr spezifisches. Das Rat suchende Subsystem ist in unserem Fall die Schule, konkreter können es einzelne Pädagog:innen, Erzieher:innen oder Führungskräfte ebenso wie Teams oder Gruppen dieser und angrenzender Professionen sein. Sie können personell identisch mit dem Auftrag gebenden Part sein. Beispielsweise kann sich ein:e Lehrer:in selbst um Supervision bemühen, es kann aber ebenso eine Schulleitung für das Kollegium Supervision anfragen. Das auftraggebende Subsystem können nicht nur die Klient:innen selbst oder ihre direkten Vorgesetzten sein, sondern auch die schulaufsichtlich-ministerielle Behörde, die den Schulen übergeordnet ist, da diese gleichzeitig auch Träger des schulpsychologischen Berater:innensystems für Schulen sein kann (siehe Abbildung 1 auf der folgenden Seite). Das dritte Subsystem ist das der beziehungsweise des Beratenden, in unserem speziellen Fokus steht hier als systeminterner Supervisionsanbieter der Schulpsychologische Dienst.

Unser erster Schwerpunkt in den folgenden Kapiteln betrachtet Supervision als ein wirksames Beratungsformat zur Reflexion beruflichen Handelns von Pädagog:innen beziehungsweise pädagogischen Fachkräften. Ziele sind die Wiederherstellung, der Erhalt oder die Erweiterung der Handlungsfähigkeit einzelner Pädagog:innen oder pädagogischer Gruppen, Teams und ganzer Kollegien, und die Erhaltung beziehungsweise Förderung der Qualität von Arbeitsbeziehungen. Bestenfalls können hier Impulse für die Organisation Schule in Richtung einer Lernenden Organisation gesetzt werden (Senge, 2021), erfahrungsgemäß vor allem an kleineren Schulen mit vergleichsweise wenigen Kolleg:innen, an neu gegründeten Standorten oder in Kombination mit weiteren Beratungsformaten.

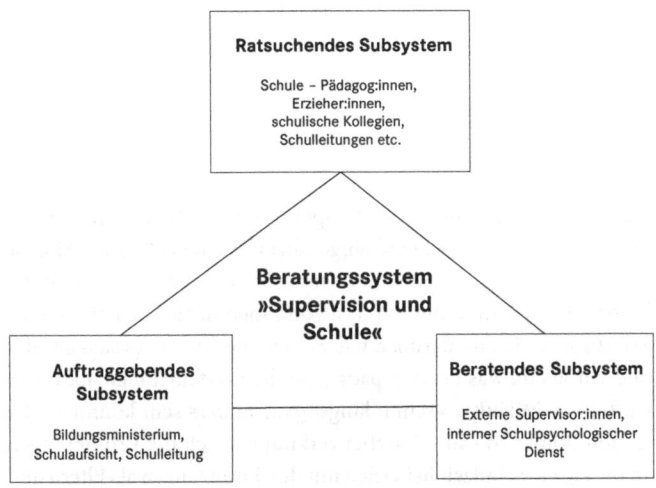

Abbildung 1: Das Beratungssystem Supervision und Schule
(angelehnt an Rappe-Giesecke, 2009)

2 Schule von heute und die Notwendigkeit der Etablierung von Supervision

2.1 Schule heute

Warum sollte aus unserer Sicht Supervision für Pädagog:innen und Erzieher:innen verpflichtend eingeführt werden (siehe auch Mikula, 2008; Deppe, 2021)? Das supervisorische Arbeitsfeld Schule ist ein besonderes: Jede:r kennt es quasi von innen heraus, jede:r hat eine Art »Insiderwissen« darüber, wie es hier zugeht, wie es sich anfühlt und vor allem, was bei den pädagogischen Akteur:innen alles »gut läuft«, »nicht läuft«, »schon längst ganz anders sein könnte« oder »schon immer so war«. Hierbei verknüpfen sich die Erinnerungen an die eigene Schulzeit bei vielen mit den Erfahrungen als Eltern und dem Blick »von der Seite« auf pädagogisches Handeln. Die seit 1919 in Deutschland gesetzlich verankerte Schulpflicht anstelle des zuvor bestehenden »Unterrichtsrechts« ist bei ihren Befürworter:innen eine der bedeutsamsten Grundlagen unserer demokratischen Gesellschaft (Tenorth, 2014). Sie sichert das Recht von Kindern und Jugendlichen auf Bildung unabhängig von den sozialen und ökonomischen Voraussetzungen und den Überzeugungen ihrer Eltern und ist die Basis eines selbstbestimmten Lebens im Erwachsenenalter.

Lehrkräfte sollen die kindlichen Persönlichkeiten fördern, gut ausgebildete Fachkräfte in die Welt entlassen und mit ihrer Arbeit langfristig dazu beitragen, Frieden und Demokratie durch die Bildung gesellschaftsfähiger junger Erwachsener zu sichern. Schule soll zukünftige mündige Bürger:innen in ihrem individuellen Wachsen begleiten und gleichzeitig auf normierte Schulabschlüsse bestmöglich vorbereiten. Die bildungsaffine Welt um die Schule herum spricht von Kooperation und Ko-Konstruktion, dem Mehrwert von Vielfalt und Diversity Management, der Notwendigkeit von Digitalität und hybridem Lernen, inklusionsorientierter Bildungsgerechtigkeit und individuellem Lerncoaching bei wachsender Nutzung künstlicher Intelligenz im Alltag. Innovative Schulen und reformpädagogische Teams bieten heutzutage Fächer wie »Neuland«, »Herausforderung«, »Verantwortung« und »Glück«, oder bearbeiten am »Frei Day« mit ihren Schülern die 17 Ziele der Bildung für nachhaltige Entwicklung und sind längst auf einem transformativen Weg zu neuem Lernen.

Parallel zu diesen fantastischen pädagogischen Entwicklungen an einigen wenigen, oft preisgekrönten Schulen gibt es noch immer schulische Landschaften, in denen das sogenannte »Bulimielernen« (schnell viel Lernstoff auswendig lernen) sowie Arbeitsblattbearbeitung am Fließband vorherrschen und auf Leistung und Kognition weit vor Wertevermittlung, Beziehungsfähigkeit, Empathie und Reflexionsfähigkeit gebaut wird. Die schulische Welt beschreibt häufig unpassende gesetzliche und strukturelle Bedingungen, kaum bezwingbare Verwaltungsaufgaben, Personal- und Ressourcenmangel, hohe Heterogenität in großen Klassen, der man pädagogisch nicht gerecht werden kann, und große Teile der Elternschaft, die schulisch nicht erreicht werden. Schulleitungen berichten aus ihrem Arbeitsalltag, dass sie mehr mit polizeilichen Ermittlungen und der Deeskalation von Krisensituationen beschäftigt sind, als sich mit ihrem Kollegium gemeinsam Gedanken über Vision und Leitbild ihrer Arbeit für die nächsten Jahre zu machen.

Für die regelmäßige Kommunikation der Pädagog:innen untereinander oder gar reflexionsorientierte Beratungen mit Externen braucht es schulisch viel Motivation und Organisationstalent, diese in die hochsensible Architektur aus Lehr-, Stunden- und Vertretungsplänen (Mietz, 2000) verbindlich einzuplanen. Außerunterrichtliche, kontinuierliche Entwicklungsarbeit auf Organisationsebene findet oft nur in sehr großen zeitlichen Abständen statt oder aber soll bestenfalls hocheffektiv in ein bis zwei Beratungen á dreißig Minuten abgeschlossen sein. In den Regionen, in denen personell bedingte Unterrichtskürzungen aktuell gravierend sind, sinken die Freiräume für gemeinsames kritisches Denken und kreatives Entwickeln in den Kollegien noch mehr.

In den Augen der externen Kritiker:innen führt die oben beschriebene Schulpflicht in erster Linie nicht zu mehr Selbstbefähigung oder -bestimmung, sondern zu pädagogischen Zwangskontexten über viele Lebensjahre der sich entwickelnden Kinder und Jugendlichen hinweg. Hinzu kommt, dass deren Lebenswelt sich oft kaum oder gar nicht in der Schule widerspiegelt. Die Arbeit von Pädagog:innen, Erzieher:innen und schulischen Führungskräften wird spätestens seit den PISA-Studien öffentlich kritisch ins Visier genommen. Während Schüler:innen auf der Ebene des Schulklimas ihre Pädagog:innen zumeist als lebensferne Einheit oder gar Front erleben, sehen sich Pädagog:innen selbst als kaum wertgeschätzte Einzelkämpfer:innen innerhalb und außerhalb des Lehrerzimmers. Sie sind Wissende, kontrollieren, bewerten und führen, coachen, beraten, hören zu, bringen notfalls ein zweites Frühstück für Schüler:innen mit, nehmen immer Arbeit mit nach Hause und ins Wochenende und erhalten doch selten positives Feedback oder gar leistungsbedingte Gratifikationen. All die oben beschriebenen Facetten der schulischen Arbeitswelt lassen erahnen, dass metaphorisch gesehen tatsächlich Held:innenkräfte notwendig sind, um als Lehrkraft im aktuellen schulischen Alltag zu bestehen.

Die Idee, dass Supervision hier hilfreich sein kann, existiert schon länger. Schon Helsper (1996) stellte fest, dass die konstitutiven professionellen Antinomien des Lehrerberufes Paradoxien erzeugen, die zu Belastungen führen, deren Folgen durch Supervision bearbeitbar oder gar verhinderbar wären (auch Buer, 2000). Lehrkraft oder Erzieher:in zu sein, bedeutet tägliche Beziehungsarbeit. Die Deutsche Schulakademie veranstaltete 2019 das bundesweite Forum »Beziehungen gestalten – erfolgreich lernen« und kam zu dem Schluss, dass professionelle Beziehungsgestaltung als Kultur im System der Schule verankert sein müsse (Tiefenthal, 2020). Empirische Studien sehen schon länger einen klaren Zusammenhang von Beziehungen in der Schule und Bildungserfolg (Hattie, 2015) sowie einen Zusammenhang zwischen der Qualität der Sozialbeziehungen in der Schule und demokratierelevanten Grundeinstellungen der Schüler:innen (Gutzwiller-Helfenfinger u. Ziemes, 2017). Pädagog:innen haben dabei die Aufgabe, Gleichwertigkeit in einer nicht gleichgestellten Beziehung zu vermitteln. Diese Arbeit an professionellen Beziehungen zu Schüler:innen, Eltern und Kolleg:innen auf Seiten der Pädagog:innen kann erlernt werden. Bereits im Lehramtsstudium, aber auch im Schulalltag verankerte Stunden für Mentoring, kollegiale Fallberatungen und gegenseitige Hospitationen sowie regelmäßige Supervisionsangebote könnten dieses Lernen das gesamte Berufsleben lang unterstützen.

Schule ist mehr denn je ein komplexes, soziales Berufsfeld, in dem sich alle Themen und Bilder unserer Gesellschaft von Ausgrenzung bis Diversity, von Berufseinstieg bis Pensionsalter, von Seiteneinstieg bis Promotion, von arm bis reich, von analog bis digital und in allen politischen Strömungen versammeln und spiegeln. Zusätzlich werden noch immer die Langzeitfolgen von zwei Jahren Lehren und Lernen unter »Pandemie-Bedingungen« sowohl im Leistungsbereich der Schüler:innen als auch auf psychischer und sozialer Ebene aller Beteiligten bearbeitet.

Supervision, vor allem, wenn sie verbindlich eingeführt würde, schafft regelmäßige reflexionsorientierte Freiräume in Teams, in denen sich die Möglichkeitsperspektiven der Teilnehmenden erhöhen, Handlungsspielräume für sie sichtbar werden und reale Veränderungen angestoßen werden können (siehe auch Denner, 2000; Heppekausen, 2007; Klippert, 2007; Jetzschke, 2018; Mogg, 2020; Frick, 2021). Manchmal benötigt es, um bei unserer Held:innen-Metapher zu bleiben, einen (supervisorischen) Gefährten oder eine (supervisorische) Gefährtin, um die Schritte der Held:innen auf ihrer herausfordernden Reise zu begleiten.

Wie Beratung an Schule bisher umgesetzt wird und welche Wünsche, Forderungen und Themen zu Supervision an Schulen existieren, betrachten wir in den nächsten Kapiteln.

2.2 Beratungsangebote im System Schule

Die aktuelle Tendenz, dass staatliche Gelder und beispielsweise Gelder aus dem Präventionsgesetz vor allem im Bereich Gesundheitsmanagement zur Finanzierung externer Beratungsanbieter:innen eingesetzt werden, bringt kurzfristig mehr und dringend benötigte hochwertige Beratungsangebote an die Schulen. Diese Beratungsbeziehungen erleiden jedoch schlimmstenfalls bei jedem neuen landeshaushaltsbedingten Zyklus beziehungsweise jeder neuen staatlichen Förderperiode einen Beziehungsabbruch, wenn Aufträge ministeriell neu ausgeschrieben und mit preiswerteren Anbietergesellschaften verhandelt werden müssen. So fehlen regelmäßig Erreichbarkeit, Feldkompetenz und ein langfristig organisationsentwickelnder Fokus auf Seiten der externen Beratenden. Diese Tatsache verhilft zu der Erkenntnis, dass es sinnvoller wäre, systeminterne Beratungsressourcen zu schaffen, die ausreichen.

Die Idee, Berater:innen an die Seite der Schulen zu stellen, ist beinahe so alt wie das Format der Supervision selbst: Nur drei Jahre nach Einführung der Schulpflicht in Deutschland wurde 1922 die erste Schulpsychologie-Stelle geschaffen (Keller, 2022). Anfangs noch auf den diagnostikorientierten Fokus, den Entwicklungs- und Leistungsstand von Schüler:innen zu erfassen und eine passende Beschulung zu empfehlen, beschränkt, übernahmen Schulpsycholog:innen spätestens nach dem von Heyse ab 1988 ausgerufenen Paradigmenwechsel wesentlich vielfältigere Aufgaben (1989). Als schulnahe, manchmal sogar schulinterne und mindestens bildungssystemeigene Berater:innen im Laufe der letzten einhundert Jahre sind sie in einigen Bundesländern auch zu schulischen Fortbildner:innen, Führungskräfteentwickler:innen, Organisationsberater:innen und Supervisor:innen geworden.

Allerdings ist das Vorhandensein eines Supervisionsangebotes für Lehrkräfte keineswegs flächendeckend für ganz Deutschland der Fall. Und gleichzeitig hat nicht jede anfragende Lehrkraft im Schulpsychologischen Dienst Supervision als vorrangigen Wunsch.

Unsere eigene Erfahrung im Schulpsychologischen Dienst Ostthüringen zeigt beispielsweise, dass ungefähr 50 % der Erstkontakte im Jahr 2022 Pädagog:innen waren. Die von ihnen formulierte »Eintrittskarte« ist häufig der Wunsch nach Veränderung des Verhaltens oder der Einstellungen Dritter. Dahinter stehen zwar oft eigene Belastungsgrenzen, Gefühle der Überforderung, des Scheiterns und der Angst, der (Über-)Fürsorge für die Schüler:innen und der Wunsch, über die Grenzen der Pädagogik hinaus hilfreich zu sein. Aber das Erstanliegen ist in vielen Fällen nach wie vor die Idee, der oder die Berater:in solle sich im Sinne einer klassischen schülerbezogenen Expert:innen-Beratung einbinden, das heißt konkret: Auf Initiative der Lehrkraft soll die Schulpsychologie Sorgeberechtigte zum Gespräch einladen, den Unterricht besuchen, Schüler:innen begutachten und eine Art Fallmanagement für die Schule übernehmen. Vielleicht soll noch eine Fortbildung folgen oder die Vermittlung von Netzwerkpartnern – der »Schüler:innen-Fall« wäre somit im Format einer schulpsychologischen Fachberatung in Bearbeitung. Mit Blick auf die Geschichte der Supervision könnte man dieses Vorgehen auch etwas irreführend als »Fachsupervision« bezeichnen (Heintel, 2000). Allerdings hat es erfahrungsgemäß kaum eine Veränderung der Handlungsstrategien oder der Reflexionsebenen der Lehrkräfte zur Folge (siehe auch Reh, 2008).

Ein typisches Anliegen der Lehrkräfte, mit denen sie Beratung aufsuchen, ist auch der Austausch auf fachbezogener, methodischdidaktischer oder juristischer Ebene. Hierfür gibt es in nahezu jedem Bundesland die tradierten Beratungsformate der Pädagogischen Fachberatung (zum Beispiel Fachberater:innen für Musik, für Chemie etc. oder für den Förderschwerpunkt Geistige Entwicklung, Motorische Entwicklung etc.) und des didaktischen Trainings sowie die Beratung durch schulaufsichtliche und juristische Fachreferenten. Im Rahmen von pädagogisch-didaktischer Fachberatung geschieht beispielsweise schwerpunktmäßig eine sachbezogene Unterweisung und Anleitung mit dem Ziel des methodischen oder fachlichen Wissensgewinns. Die beratende Person ist hier in der Regel fachlich erfahren und besitzt spezifisches Fachwissen. Ähnlich wie zum Beispiel in einer juristischen Beratung sind eine qualitativ hochwertige Arbeitsbeziehung und intensive kommunikativ-beraterische Fähigkeiten zwischen Fachberater:in und Klient:in jedoch nicht zwingend notwendig.

In der älteren Literatur wurde Supervision im schulischen System zumeist als pädagogische oder unterrichtliche Supervision mit dem (ausschließlichen) Schwerpunkt der Unterrichtsgestaltung in einer speziellen Klasse oder mit einzelnen Schüler:innen gesehen (siehe auch Pallasch, 1991; Petermann, 1995; Ehinger u. Hennig, 1997; Jugert, 1998). Diese Ansätze hatten große Überschneidungen mit der pädagogisch-didaktischen Fachberatung und wären aus heutiger Sicht noch am ehesten der Fallberatung ähnlich. Diese früheren Ansätze von Supervision an Schulen fokussieren sich auf didaktische Methoden und das unterrichtliche Vorgehen der Pädagog:innen, selten oder gar nicht auf die sozialen oder organisationalen Ebenen und Dynamiken in Schulen. Unsere Erfahrung ist, dass diese Art von Beratung kaum mehr nachgefragt wird, sondern eher noch Teil des Studiums oder des Referendariates ist, zum Beispiel mit Fachleiter:innen als Expert:innen. Supervision als Ergänzung der schulberaterischen Formatepalette grenzt sich heute klar von einer pädagogischen und didaktischen Fachberatung ab. Supervidierende fördern auf der Basis einer professionellen Beziehungsgestaltung die Reflexions- und Problemlösefähigkeiten ihrer Klient:innen. Sie arbeiten klient:innen- und prozessorientiert, ohne spezifische Lösungsschritte, Wissensinhalte oder Handlungsanweisungen vorzugeben, und tragen der Eigenverantwortung und Diversität der handelnden Klient:innen Rechnung. Auf diesem Wege können sich pädagogische Ideen und Fähigkeiten entwickeln, die möglicherweise nicht nur für den Umgang mit einem Schüler oder einer Schülerin wirksam sind, sondern perspektivisch auch die Lehrkraft und ihre Strategien an sich stärken und verändern. Man kann reflektieren, warum sich gerade dieses Thema beziehungsweise diese Situation aus Sicht der Klient:in zu einem Anliegen entwickelt hat, wie das Zusammenspiel mit anderen Kolleg:innen oder der Gruppendynamik einer Klasse ist und vieles mehr.

Schulentwicklungsberatung als Pendant zu Organisationsentwicklungsberatung in Wirtschaftsunternehmen ist ebenso schon länger Teil des schulischen Beratungsangebotes und wird in der Regel durch spezialisierte pädagogische Berater:innen im System angeboten. Hier ist der klare Fokus die gesamte Schulorganisation mit ihren Strukturen, Kommunikationswegen und einem schulischen Qualitätsrahmen. Der Einzelne wird kaum oder gar nicht in den Blick genommen. Konkret kann dieses Format beispielsweise unterstützen, wenn eine Grund- oder Primarschule und eine weiterführende Schule zu einer Gemeinschaftsschule fusionieren möchten. Supervision kann in diesen Fällen sehr gut ergänzen, wenn es beispielsweise um die Reflexion und Bewältigung der Auswirkungen schulischer Entwicklungen geht. Sie hat einen fließenden Übergang zur Schulentwicklungsberatung. Auch dann, wenn es in einem ersten Schritt um die Reflexion der bestehenden Arbeitsverhältnisse geht (Teamebene, Schulebene, Rahmenbedingungen), um in einem nächsten Schritt zu bearbeiten, auf welche Bedürfnisse, Werte und Leitbilder sich die Schulgemeinschaft in ihrem Handeln verständigen wird, um erwünschte oder mögliche Handlungsoptionen auszuloten. Im Anschluss kann Supervision diese Entwicklungsschritte weiterführend begleiten.

2.2.1 Vom Erstkontakt zur Supervision

In den Phasen des Erstkontaktes zwischen Ratsuchenden und Supervisor:innen und der Auftragssondierung unterscheiden sich die kognitiven Modelle von Beratung zwischen Ratsuchenden beziehungsweise Auftraggeber:innen und Beratenden erfahrungsgemäß mehr oder weniger stark und müssen verhandelt werden. Es wird bestenfalls transparent und gemeinsam entschieden, ob das Beratungsformat Supervision tatsächlich das passende ist. Einen Überblick darüber, wie dieser Prozess insgesamt verlaufen kann, gibt Abbildung 2 auf der folgenden Seite.

Schein (2000) und Rappe-Giesecke (2009) weisen im Rahmen der Sondierungsphase auf ein Phänomen hin, das auch wir aus unserem beraterischen Alltag mit Pädagog:innen und Schulleitungen kennen:

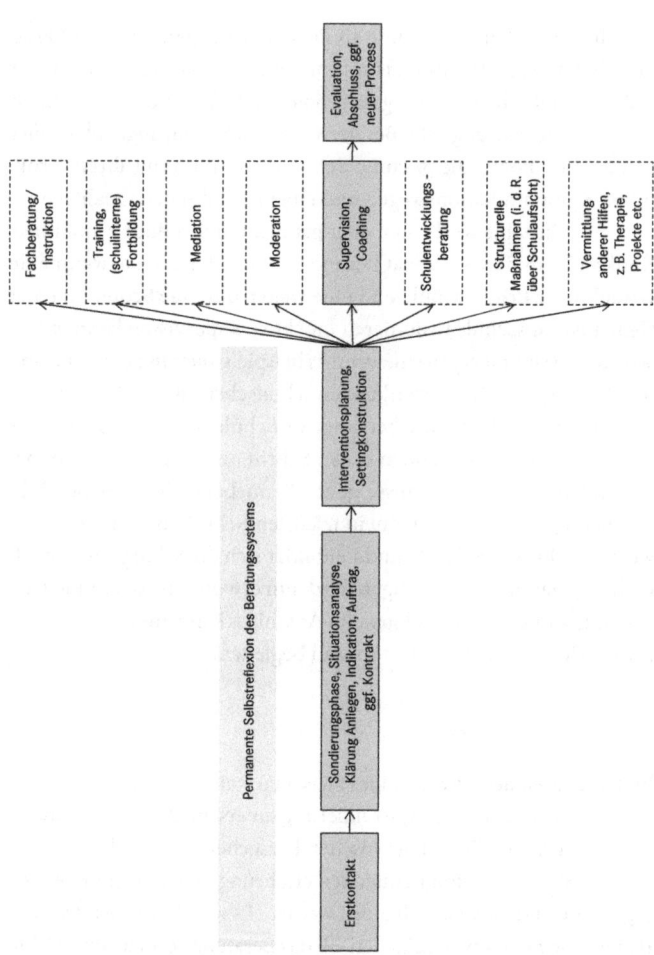

Abbildung 2: Schematischer Ablauf eines schulischen Beratungsprozesses (angelehnt an Schein, 2000 und Rappe-Giesecke, 2009)

Klient:innen schreiben Berater:innen häufig einen Expert:innenstatus zu – in der Hoffnung, nach der Art des klassischen Arzt-Patient-Modells nach einer kurzen Diagnosezeit ein Medikament im Sinne einer Verhaltensverschreibung, einer hilfreichen Information oder gar der einen passenden Lösung »verordnet« zu bekommen. Stattdessen verfolgt Supervision die Absicht der Prozessberatung und den Grundsatz, dass der Supervidierende die Verantwortung für den Prozess der Beratung hat, während die Teilnehmenden und die Leitung die Verantwortung für die Lösungsfindung und deren Umsetzung tragen. Es lässt sich jedoch nicht ausschließen, dass Supervisor:innen manchmal eher unbewusst auch eine Expert:innenrolle übernehmen (Schein, 2000) oder bewusst eine anderes Beratungsformat vorschlagen, mehrere kombinieren etc. (Rappe-Giesecke, 2009).

Nach der beraterischen Sondierung und Kontraktierung schließt sich die supervisorische Interventionsphase vor allem mit folgenden methodischen Komponenten an (Rappe-Giesecke, 2009):
- Anleitung zu individueller Selbstreflexion (Introspektion, distanzierte Betrachtung),
- Anleitung zu sozialer Selbstreflexion (Bewusstwerden latenter Strukturen, Dynamiken, Programme),
- Vorbereitung der Umsetzung von Erkenntnissen in berufliches Handeln.

Der Unterschied zum Format Fortbildung beispielsweise ist, dass Microinputs oder Informationen der Supervisor:innen, so sie manchmal gegeben werden, als reines Angebot zu verstehen sind. Die Supervisand:innen sind nicht zwangsläufig auf dieses Wissen angewiesen, es wird nicht »abgefragt«. Supervisand:innen bleiben diesbezüglich auch eigenverantwortlich.

Wir betrachten im Folgenden die drei supervisorischen »Programme« nach Rappe-Giesecke (2009), also das »Worum es gehen kann«, und deren Anwendung im schulischen Bereich. In der pädagogischen Literatur werden häufig zusätzlich die kollegiale Fallberatung oder kollegiale Supervision (Schlee, 1992, 2004; Rotering-

Steinberg, 1995; Joswig, 2001; Belardi, 2002) ohne Supervisor und auch das Konstanzer Trainingsmodell (Humpert u. Dann, 2012) als Supervisionsformate an Schulen erwähnt. Wir nehmen hiervon Abstand, da diese kollegialen Beratungsformate klassisch ohne ausgebildete Supervisor:innen durchgeführt werden und unserer Auffassung nach eher austauschbasierten Intervisionsansätzen entsprechen, die sich nicht an den Qualitätskriterien von Supervision als professionellem Beratungsformat ausrichten.

2.2.2 Fallsupervision im schulischen Feld

Wenn wir Supervision im Bereich Schule hinsichtlich der von Rappe-Giesecke (2009) unterschiedenen »Programme« betrachten, ist wohl das traditionell älteste die klassische Fallarbeit oder auch die Fallsupervision, gelegentlich wird außerdem die pädagogische oder unterrichtliche Supervision genannt (vor allem im Ausbildungskontext). Einzelne Pädagog:innen, Gruppen oder auch Teams reflektieren über den Umgang mit Einzelschüler:innen oder ganzen Klassen und über die jeweiligen schulischen Rahmenbedingungen, prozessmoderiert von Supervisor:innen. Übergeordnete Ziele dieser Supervisionsform sind neben der erhofften »Fall-Lösung« immer auch die Reflexion der Handlungen und Haltungen der Ratsuchenden. Hilfreich in Fallsupervision an Schulen ist erfahrungsgemäß das Wissen der Supervisor:innen über andere externe Beratungsanbieter:innen und Fachexpert:innen (zum Beispiel Jugendhilfe, Opferhilfe, Therapie etc.) und zu klinisch relevanten Auffälligkeiten im Kinder- und Jugendlichenbereich.

Auch wenn Rappe-Giesecke (2009) etwa betont, dass dieses supervisorische Programm nicht innerhalb der Organisationsentwicklungsberatung stattfindet, so zeigen schulpsychologische Erfahrungen, dass sich innerhalb einer Schule beispielsweise ab und an bestimmte Fallanfragen zeitlich eng aneinander häufen. Dies kann durchaus ein Hinweis auf schulbedingte Entwicklungsbedarfe sein, die zumindest mit der Schulleitung besprochen werden könnten, wie die folgende Fallvignette illustriert:

Über einen Zeitraum von circa anderthalb Jahren häufen sich an einem Gymnasium die Anfragen an den Schulpsychologischen Dienst zu Mobbingvorfällen und Gewalthandlungen innerhalb der Schülerschaft aus verschiedenen Klassenstufen. Das zuständige Berater:innentandem spricht parallel zu den durchgeführten Fallsupervisionen mit den jeweils involvierten Pädagog:innen diese auffällige Häufung während eines Treffens mit der Schulleitung an und schlägt vor, gemeinsam zu überlegen, wie die Schulleitung aufgrund dieser Rückmeldung agieren könnte. Hier könnten beispielsweise thematische Inputs oder die Entwicklungsarbeit im Hinblick auf das Schulklima besprochen werden.

Betrachten wir Fallsupervision in pädagogischen Teams als klassische Beratungsvariante an Schulen, so kann es sein, dass die Freiwilligkeit der Teilnahme für einzelne Teammitglieder eingeschränkt ist, je nach Entscheidung der Schulleitung. Durch den Fakt, dass der oder die jeweilige Falleinbringende im Team in der Regel nicht die einzige fallbetroffene Person ist, können Lehrkräfte anwesend sein, die zwar Schüler:in XY oder Klasse Z kennen, aber selbst keinen Veränderungsbedarf sehen, während andere ganz klar eigene Anliegen in die jeweilige Fallberatung einfließen lassen und sich ein »Mitziehen« der Kolleg:innen bei der Umsetzung erarbeiteter Handlungsstrategien erhoffen. Dies und möglicherweise teaminterne dienstliche Abhängigkeiten, Hierarchiestufen, Grundprofessionen oder zusätzlich bestehende private Kontakte erhöhen die Dynamik innerhalb der fallbezogenen Teamsupervision und fordern das Geschick der Supervidierenden.

Im multiprofessionellen Team einer temporären Lerngruppe für Kinder, die von seelischer Behinderung bedroht oder betroffen sind, möchte ein Teammitglied im Rahmen der regelmäßigen Supervision den Umgang mit einem der Schüler reflektieren. Der falleinbringende Kollege (sonderpädagogische Fachkraft) ist nicht der Gruppenleiter des Schülers, sieht jedoch Reflexionsbedarf. Der sonderpädagogische Gruppenleiter beschwichtigt mit den Worten: »Wir haben ganz andere Kaliber in der

Gruppe«. Der Sozialpädagoge, der gruppenübergreifend für die Kooperation mit Jugendhilfe und Elternhäusern eingesetzt ist, berichtet, dass nicht der Junge das Problem sei, sondern die Aufmerksamkeit dem überforderten Kindesvater gelten sollte, den er schon lange kenne. Nachdem in mehreren Schleifen keine tiefergehende Fallbearbeitung in Gang kommt, bringt der Supervisor die Hypothese an, dass fallunabhängig die unterschiedlichen Werte und Strategien des Teams, also eine Selbstthematisierung, Fokus der Supervision sein könnte. Er schlägt vor, die Reflexion über die Arbeit mit dem besagten Schüler sinnbildlich in einem Wartehäuschen zu platzieren und in einem nächsten Schritt vorerst die beruflichen Grundhaltungen der Teammitglieder zu betrachten, um in eine Reflexion über mögliche geteilte Werte in der gemeinsamen Arbeit einzusteigen. Dies markiert einen Wechsel vom Programm der Fallsupervision hin zur Selbstthematisierung – sofern sich das Team hierauf einlassen möchte.

Die Selbstthematisierung als ein weiterer Schwerpunkt, um den es in Supervisionsrunden gehen kann, wird im nächsten Kapitel weiter beleuchtet.

2.2.3 Selbstthematisierung pädagogischer Teams

In der supervisorischen Selbstthematisierung richtet sich der Fokus der Beratung auf die Fähigkeiten, Gedanken, Gefühle, Verhaltensmuster und Einstellungen der Klient:innen selbst.

Das Kollegium einer Grundschule fragt zwei bis drei ganze Tage Supervision verteilt auf ein Schuljahr an. Das erklärte Ziel ist folgendes: »Wir wollen als Kollegium daran arbeiten, dass uns gegenseitige Wertschätzung besser gelingt und wir nicht mehr übereinander, sondern miteinander reden.«

Findet dieses supervisorische Programm im Rahmen von Gruppen- oder Teamsupervision statt, wird der Supervisionsprozess von den

sozialen Unterschieden zwischen den Beteiligten beeinflusst, es zeigen sich sogenannte Asymmetrien. Diese beziehen sich in Schulen vor allem auf folgende Faktoren:
▶ Verdienst (Höhe; Beamte vs. Angestellte),
▶ Schulartzugehörigkeit (z. B. Grundschule vs. Gymnasium),
▶ Schulgröße und -standort (beispielsweise reformpädagogische Gemeinschaftsschule in einer größeren Stadt mit Warteliste für die Aufnahme vs. Grundschule mit zwei Schulstandorten in zwei Gemeinden mit 2.000 und 4.000 Einwohner:innen),
▶ Unterschiede bezüglich Profession, Qualifikation und Funktion (siehe oben),
▶ Alter, Dienstalter beziehungsweise Zugehörigkeitsdauer,
▶ private Kontakte, informelles Beziehungsnetz,
▶ Minderheiten- und Mehrheitenverteilung bezüglich Alter, Geschlecht, Religion, Herkunft, Familienstand, Digitalität etc.

Die Selbstthematisierung in pädagogischen Teams bezog sich nach unseren Erfahrungen im ersten Jahr nach der Coronapandemie überdurchschnittlich oft auf das im Beispiel genannte Ziel, »wieder einen wertschätzenden Umgang miteinander zu finden«. Elementare individuelle Bedürfnisse und Wertvorstellungen, ungewohnte Arbeitsbedingungen, neue Aufgaben und krisenbedingt häufig wechselnde, unvorhersehbare Regularien hatten dazu geführt, dass sich Kollegien voneinander entfernten, Konflikte eskalierten, Führung in Frage gestellt wurde und die Nerven sprichwörtlich blank lagen. Bei solch konkreten Anlässen wird in der sogenannten »Fokal-Supervision« recht schnell ohne größere Sondierungsphase die Problemdefinition der Klient:Innenteams respektive dessen Leitung übernommen. Das beraterische Vorgehen entspricht einer Mischung aus Moderation, Reflexion und Microinputs zu psychodynamischen Vorgängen. Unsere Erfahrung ist, dass Schule diese Art der Supervision gern nutzt und hieraus unter anderem Folgeaufträge für Team- und Einzelsupervision, aber auch für schulentwicklerische Begleitungen entstehen.

In einer kleinen ländlichen Grundschule entstanden während der Coronapandemie konflikthafte Situationen zwischen dem Schulleitungsteam, Lehrkräften und den Erzieher:innen, die beim Wiedereinstieg in den Präsenzunterricht deutlich sichtbar wurden. Niemand wollte Zeit im Lehrerzimmer verbringen, der Ton wurde rauer und die Kommunikation fand meistens übereinander, nicht mehr miteinander statt. Die Leitung wandte sich an die Schulpsychologie mit dem Wunsch, wieder zu dem Miteinander vor der Pandemie zurückzukehren. Nach der Auftragsklärung der Supervisorinnen mit dem Schulleitungsteam der Schule wurde das Angebot gemacht, das Team supervisorisch zu begleiten. Im Prozess wurde deutlich, dass die Konflikte zwischen den Parteien so groß waren und das Vertrauen einzelner Lehrkräfte in die Teamsupervision aufgrund der Erfahrungen miteinander schlichtweg nicht vorhanden, sodass einzelne Aufträge der Mediation parallel erfolgten. Ein Prozess der Leitungssupervision entstand ebenfalls.

Manche Schulleitungen oder Teams fragen Supervision erst dann an, wenn – bezogen auf Konflikte im Kollegium – bereits »die Stimmung kocht« (O-Ton einer Schulleitung) und schnelle Hilfe benötigt wird. Das Beratungsformat Supervision allein kann nicht immer den gewünschten schnellen Erfolg herbeiführen und es muss gemeinsam eingeschätzt werden, ob eine Einbindung von Entscheider:innen nötig ist oder beispielsweise Mediation ein passenderes Format wäre.

Grundsätzlich gilt: Je größer die sozialen Asymmetrien sind, desto intensiver müssen Verständigungsprozesse geführt werden. In der Selbstthematisierung im Rahmen von Teamsupervision ist diese Aufgabe am komplexesten. Hinzu kommen in jeder Supervision diejenigen Asymmetrien, die Supervisor:innen selbst »mitbringen«, oder Zuschreibungen, die Klient:innen vornehmen. Ein Tandem aus internem und externem Beratenden kann im supervisorischen Programm der Selbstthematisierung in größeren Teams erfahrungsgemäß eine gewinnbringende Verknüpfung sein. Sie wird in der Regel auch im Programm der Organisationssupervision von schulischen Klient:innen sehr positiv aufgenommen, das im nächsten Kapitel betrachtet wird.

2.2.4 Supervision im Sinne einer Organisationsanalyse an Schulen

In diesem Bereich von Supervision fokussieren sich die Anliegen auf die Analyse und Reflexion der Psychodynamik eines gesamten Teams oder Schulkollegiums sowie dessen Strukturen, Aufgaben, Rollen und Rahmenbedingungen der Arbeit. In den Supervisionsrunden geht es vor allem um die Reflexion der bestehenden Verhältnisse und die damit verbundenen positiven wie auch negativen Auswirkungen auf die gemeinsame Arbeit eines Kollegiums. Hier bezieht sich Supervision sowohl auf die Strukturen und Prozesse des gesamten schulischen Bildungssystems als auch auf die einzelne Schule im Sinne einer Organisation in der Beratung. Konkret kann dieses »Programm« nach Rappe-Giesecke (2009) natürlich auch Übergänge zur Organisations- beziehungsweise Schulentwicklung haben, da der natürliche Schritt nach einer Selbstdiagnose die Selbstveränderung sein kann. Buer (2000) und später Joswig (2001) betonen, dass es schulzentrierter Supervision entspricht, eher von systeminternen Supervisor:innen durchgeführt zu werden als von Freiberufler:innen. Unserer Erfahrung nach wird sie im Rahmen schulpsychologischer Beratung allerdings bisher nur selten umgesetzt und in der aktuellen Ressourcenlage vieler Schulen kaum angefragt.

Eine Sekundarschule mit Haupt- und Realschulbereich fragt Supervision für das gesamte Kollegium inklusive der Schulleitung an. Schwerpunktthema ist das immer älter werdende und weniger belastbare Kollegium mit vielen Krankentagen gepaart mit steigenden Herausforderungen innerhalb der Schüler:Innenschaft eines sozioökonomisch sehr schwachen ländlichen Gebietes mit vielen Verhaltensauffälligkeiten. Nach mehrfacher supervisorischer Reflexion über bisherige Strategien der Schule sowohl auf Unterrichts- und Klassenebene als auch auf struktureller und organisatorischer Ebene sowie bezüglich externer Kooperationspartner entsteht die Idee, andere Schulen mit ähnlichen Herausforderungen zu besuchen und Lösungsstrategien auszutauschen. Ein Prozess des Suchens und Analysierens über den Tellerrand hinaus beginnt und nach circa anderthalb Jahren wird schulintern der Beschluss gefasst, das gesamte eigene System von Unterricht und Bildung zu hinterfragen und zu verändern. Ab diesem Zeitpunkt werden weitere Berater:innen sowohl prozess- als auch fachbezogen eingebunden, um Entwicklung begleitet zu gestalten.

Die vorangegangenen Kapitel beschäftigten sich mit drei großen Gruppen von Anliegen schulischer Supervision beziehungsweise der Frage, in welche Richtung supervisorisch reflektiert werden könnte. Das nächste Kapitel beschäftigt sich damit, welche Themen und Menschengruppen innerhalb schulischer Supervision grundsätzlich in den Blick kommen (müssen) und welche sogenannten »Triaden« als Grundeinheiten von Beziehungsgefügen im schulischen Bereich bedeutsam sind (siehe auch Busse u. Tietel, 2018). Bei der Reflexion dieser Triaden werden in der Supervision funktionale Dynamiken und dysfunktionale Dynamiken sichtbar, deren trianguläres Ausbalancieren im Arbeitsalltag den Umgang mit Komplexität und Vielfalt erleichtern kann.

2.3 Komplexität im schulischen System und triadischer Blick

Kapitel 2.1 beschreibt verschiedene Spannungsfelder des komplexen schulischen Arbeitsfeldes. Um diese Komplexität in der Beratung zu strukturieren und »besprechbarer« zu machen, konzentriert sich Supervision oft auf triadische Beziehungen im System. Beispielsweise ist das berufliche Handeln einzelner Pädagog:innen nach Rappe-Giesecke (2009) entscheidend abhängig von ihrer pädagogischen Grundprofession, den ausgeübten Funktionen der Personen in ihrer Organisation und ihren weiteren persönlichen Eigenschaften (Abbildung 2 auf der folgenden Seite). Für Angehörige einer Profession sind professionstypische Strategien und Normen für das eigene Handeln wirksam, während gleichzeitig aufgrund einer beruflichen Rolle oder Funktion deren spezifische Aufgaben und eigene sowie fremde

Rollenerwartungen relevant sind. Diese handlungsleitende Triade im Berufsleben wird durch die persönliche Biografie, individuelle Werte und Charaktereigenschaften vervollständigt.

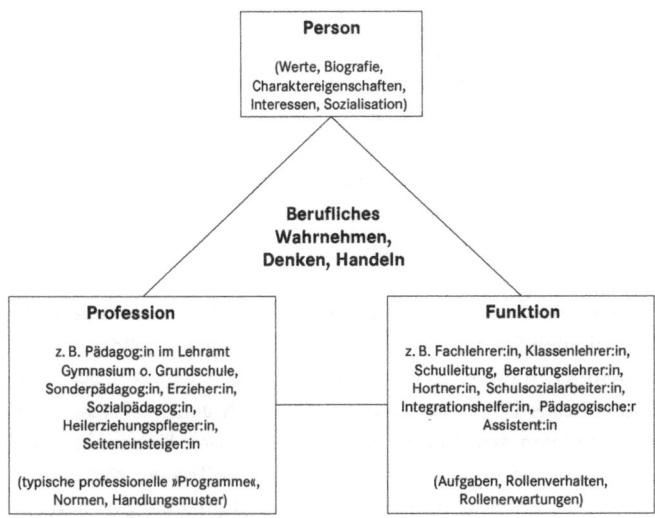

Abbildung 3: Handlungsleitende Triade im Schulkontext (nach Rappe-Giesecke, 2009)

In problematischen Situationen prägt in der Regel eine dieser Dimensionen das eigene Wahrnehmen, Denken und Handeln oder konkurriert gar mit den anderen. Mithilfe von Supervision können komplexe Zusammenhänge nachvollziehbar gemacht werden, Einengungen erweitert und gegebenenfalls Handlungsoptionen entwickelt werden, die sich anschließend umsetzen und evaluieren lassen.

Ein junger Schulleiter reflektiert in der Supervision, dass er als Lehrer ein leidenschaftlicher Humanist sei und noch immer gern selbst unterrichte. In seiner neuen Funktion als Schulleiter möchte er Dinge voranbringen.

Er habe sich dafür eingesetzt, dass sich seine ehemalige Regelschule nun zu einer Gemeinschaftsschule weiterentwickelt hat. Er sei immer schon ein sehr leistungsorientierter Mensch gewesen und möchte andere zufriedenstellen. Im Verlauf des Schuljahres jedoch wurden trotz gegenläufiger »Versprechen« und seiner Interventionen schulaufsichtliche Entscheidungen getroffen, die sowohl das Konzept der neuen Schule ad absurdum führten als auch von den Pädagog:innen und Schüler:innen der Schule deutliche Umstellungen verlangten. Das Aufdecken dieses Wertekonfliktes im Rahmen der Supervision sei wichtig gewesen, um zu verstehen, warum er sich seit einigen Tagen sehr emotional und antriebslos fühle. Diese Gefühle kenne er so sonst nicht von sich selbst und sie verunsicherten ihn stark.

In den Schulgesetzen der Länder ist formuliert, welchen Auftrag die Organisation Schule zu erfüllen hat und wie dieser Auftrag von den einzelnen beruflichen Akteuren umgesetzt werden soll. Von der Schulleitung beispielsweise primär in Form von Führung und Prozesssteuerung und von den Pädagog:innen in Form ihres Unterrichts. Man kann also supervisorisch die themenbezogene Triade zwischen dem gesetzlichen Auftrag beziehungsweise der Primäraufgabe und den Akteuren Schulleitung sowie Pädagog:in betrachten. Die schulische Primäraufgabe, grob verallgemeinert oft als Bildung und Erziehung bezeichnet, bringt naturgemäß auch die Pädagog:innen untereinander und mit Führung in Interaktion. Die supervisorisch zu betrachtenden Triaden bestehen dann aus Primäraufgabe, Pädagog:in und Kollegium sowie Leitung, Pädagog:in und Kollegium. Natürlich besteht auch die aufgabenbezogene Triade Primäraufgabe, Pädagog:in und Schüler:in und die sozialen Triaden Pädagog:in, Schüler:in und Eltern sowie Pädagog:in, Schüler:in und Klasse. Durch zunehmende Integration weiterer Professionen in den Schulbetrieb (zum Beispiel Schulsozialarbeit, Integrationshilfe) bilden sich zusätzliche Triaden, wenn Menschen unterschiedlicher Professionen und Funktionen mit nicht ganz passgenauen Primäraufgaben und aus unterschiedlichen Organisationen mit unterschiedlichen Kulturen und Leitungen miteinander arbeiten.

Schule an sich ist schon ein komplexer, multitriadischer Raum geworden. Durch Supervision ergeben sich dazu noch weitere Triaden (Busse u. Tietel, 2018). Einige der hier aufgeführten werden in den nachfolgenden Kapiteln anhand von Fallbeispielen verdeutlicht. Im nächsten Kapitel betrachten wir verschiedene Arbeits- oder auch Sozialformen von Supervision an Schulen als Settings der Beratung.

2.4 Settings von Beratung im schulischen System

Als Setting verstehen wir in der Supervision die verschiedenen Arrangements der Arbeitsformen innerhalb der Beratung (Einzel-, Gruppen-, Team- und Organisationssupervision) bis hin zu den miteinander vereinbarten Rahmenbedingungen (Ort, Termine, Dauer etc; Belardi, 2020).

2.4.1 Einzelsupervision

Das Zwei-Personen-Setting der Einzelsupervision, in dem beispielsweise ein Supervisand mit einer Supervisorin zusammenarbeitet, wird erfahrungsgemäß selten direkt angefragt. Es ergibt sich oft aus Empfehlungen Dritter, gemeinsamen Arbeitskontakten durch Workshops oder vorangegangenen Team- bzw. Gruppensupervisionen.

Im Einzelsetting können sehr emotionale und intensive Sitzungen entstehen, deren typische Asymmetrie darin liegt, dass der Prozess stark von den Fragen des Beratenden und den Antworten der Supervisand:innen gesteuert wird. In Abgrenzung zur klinischen Therapie etwa bleibt der Fokus jedoch ausschließlich beim Bezug der Erkenntnisse zum arbeitsweltlichen Kontext. Die Anfragen von Einzelpersonen für schulische Supervision beziehen sich neben der Reflexion der herausfordernden pädagogischen Arbeit unter anderem auf Wünsche nach beruflicher Weiterentwicklung (Versetzung, Zusatzqualifikation etc.), auf neue Lebensstadien (Jobeinstieg, Elternschaft, baldige Pensionierung), auf Supervision parallel zu ärztlich-therapeutischen

Prozessen (vor allem den Umgang mit chronischen Erkrankungen) oder aber auch auf generationale Wertekonflikte etc.

Eine junge Pädagogin möchte schnellstmöglich Führungsverantwortung übernehmen und sucht zu diesem Zwecke ein Coaching auf. Sie benötigt Entscheidungshilfe bei der Frage, ob sie dies an ihrer bisherigen Schule versuchen oder sich eher auf andere Ausschreibungen fokussieren sollte.

Ein spezielles Thema ist die Einzelsupervision nach Konflikteskalationen oder zur Krisenbewältigung nach traumatogenen Erlebnissen, die Übergänge zu notfallpsychologischen Interventionen beinhalten kann (siehe Karutz, 2020).

Eine Erzieherin, die in einer ihr noch nicht bekannten Hortgruppe aushalf, wollte einen sehr erregten Schüler während der Hausaufgabenzeit beruhigen und erlitt durch eine sich schnell entwickelnde Konflikteskalation mit ihm eine Gehirnerschütterung aufgrund eines schweren Fußtritts seinerseits. Um ihre Rückkehr in den Dienst zu begleiten, wünscht sie sich Supervision.

In der schulischen Einzelsupervision ist in der Regel ein hohes Ausmaß an beraterischer Autonomie hilfreich, da in einigen Beratungsanliegen nachvollziehbar auch Interessenkollisionen zum Schulsystem und zu Dienstvorgaben bestehen. Hier ist es sinnvoll, den Ort der Beratung außerhalb der Schule zu wählen, gleichwohl einige Pädagog:innen sich auch für Einzelsupervision aufsuchende Beratung in ihrer Schule wünschen.

2.4.2 Gruppensupervision

Teilnehmende an Gruppensupervisionen im schulischen Bereich kommen aus unterschiedlichen Schulen zu gemeinsamen Reflexionsrunden mit einem Supervisor oder einer Supervisorin zusammen. Während die Beratungstermine im Setting der Teamsupervision (siehe unten) zumeist durch die betreffenden Teams selbst organisiert werden, werden Gruppensupervisionen häufig stärker angebotsorientiert durch Supervisor:innen organisiert. Hier ist zu entscheiden, ob und wie Interessent:innen in die Gruppe aufgenommen werden (Selektion durch Supervidierende; Selbstselektion; Interessenbekundungsverfahren mit Einbezug von Vorgesetzten etc.). Kommt ein solches Angebot durch interne Supervisor:innen zustande, ist die Frage nach der Finanzierung für die an einer Teilnahme Interessierten unkritisch. Oft entfällt damit auch eine weiterführende Auftragsklärung mit den direkten Vorgesetzten, die lediglich über die Freistellung zur Teilnahme entscheiden. Dennoch ist es wie auch in der Einzelsupervision wichtig, bei der Bearbeitung der jeweiligen Anliegen die nicht anwesenden Dritten und die jeweiligen Primäraufgaben und Hintergrundthemen an den Stammschulen in der Beratung in den Blick zu nehmen.

Wie intensiv Teilnehmende in der Gruppensupervision Anliegen thematisieren, ist sehr stark von der eigenen psychischen Konstitution und vom Stand des Gruppenprozesses abhängig, der wiederum von den oben bereits erläuterten Asymmetrien beeinflusst wird. Für Supervisor:innen bietet sich in diesem Setting eher die Chance, den Ort der Beratung auszuwählen und zu gestalten. In diesen Gruppen muss man als Supervisand:in damit rechnen, dass vertrauensschaffende Strategien, wie sehr klare Abläufe der Beratung bis hin zu einer fast schon rituellen, Kohäsion und Sicherheit schaffenden Gestaltung der Ankommens- und Warm-up-Phase, des Sharings sowie der Abschluss- und Feedbackphase vorkommen.

Die Interessenvertretung der Pädagog:innen an den Schulen wird in der Regel durch innerhalb der Schulen gewählte örtliche Personalräte übernommen. Durch ein Gespräch einer Supervisorin mit dem überregionalen Bezirkspersonalrat entstand die Idee, entlastende Gruppensupervision für örtliche Personalräte mehrerer Schulen im Gruppensetting anzubieten. Dieses Angebot wurde von zahlreichen Pädagog:innen sehr positiv angenommen, es war zudem das erste Angebot der Region in dieser Form. Trotz einer klar kommunizierten Terminkette und der Ausschreibung als Gruppensupervision zeigte sich, dass zu den ersten Terminen jeweils andere Interessent:innen erschienen, diese aus einer Schule teils zu zweit oder zu dritt anreisten oder aber jedes Mal ein:e andere:r Vertreter:in desselben Teams teilnahm. Dies erhöhte die Anforderungen an die Supervision bezüglich der Gestaltung des Gruppenprozesses. Zu jedem Beginn wurden die Anwesenden gebeten, kurz zu erzählen, in welcher Schulart sie arbeiten, ohne Namen und Schule direkt zu nennen, da es funktionsgemäß oft um die Zusammenarbeit mit den eigenen Schulleitungen und Kolleg:innen ging und auch deren Persönlichkeitsrechte geschützt werden müssen. Eine kurze Vorstellung der Supervisorin sowie eine Erklärung des Beratungsformates Supervision mit der nötigen Bedingung der Vertraulichkeit folgten im Anschluss. Zum Ende der angebotenen Terminkette erbaten viele Teilnehmende eine Fortführung des Formates. Diese ist geplant, allerdings soll bereits in der Ausschreibung stärker darauf hingewiesen werden, dass eine stetige Anwesenheit einer festen Teilnehmer:innenschaft empfohlen wird. Aufgrund der Erfahrung, dass die Anzahl der Teilnehmenden zu jedem Termin sehr unterschiedlich war, sollte die Fortführung auch durch ein Supervisor:innentandem abgesichert werden, um gegebenenfalls in kleinere Gruppen einteilen zu können.

In vielen schulübergreifenden Supervisionsgruppen kennen sich die Teilnehmenden zumindest in den ersten Runden kaum und benötigen neben »Kennenlern-Einheiten« oft mehr Sachkontext zur jeweiligen Schule (Schulart, pädagogisches Konzept, personelle Rahmenbedingungen, Lage etc.), zum dargestellten Fall, zum Anliegeninhaber etc., um Vertrautheit aufzubauen und ins gemeinsame Mitdenken und Reflektieren zu kommen. Gleichzeitig kennen sich viele Pädagog:innen in einer Region untereinander, kennen Elternhäuser an anderen Schulen, sodass sehr explizit auf die Vertraulichkeit und die Anonymisierung personenbezogener Daten hingewiesen werden muss und Beratende dies auch immer wieder einfordern sollten.

Hilfreich ist in einer solchen Gruppe natürlich der wesentlich vielfältigere Erfahrungsschatz der Teilnehmenden, der Ideenvielfalt bietet und ein »Out of the box-Denken« erleichtert. Der Vergleich mit anderen Schulkulturen, über die sich ausgetauscht wird, sowie die Problemlagen von anderen nehmen den eigenen Herausforderungen manchmal schon ein wenig ihrer Schwere beziehungsweise fördern Dankbarkeit für all das, was im eigenen beruflichen Kontext gut läuft (siehe auch Jugert, 1998). Erbring und Metzger (2022) sehen einen weiteren Vorteil der Gruppe im kritischen Korrektiv und in der Chance, dass Teilnehmende sowohl ratsuchend als auch ratgebend sein können, also eine gewisse Symmetrie besteht. In unseren schulübergreifenden Supervisionsgruppen mit Pädagog:innen und schulischen Führungskräften fragen wir in der Regel zu Beginn nach Wünschen, Erwartungen und den Anliegen der Teilnehmenden.

In einem Auftakttreffen für junge Schulleitungen wurden beispielsweise folgende Anliegen genannt und von den Teilnehmenden auf Moderationskarten notiert:

▶ Wertschätzung, »Lob«, »Bestätigung der eigenen Arbeit durch andere«, Persönlichkeit stärken,
▶ allgemein: »Rucksack mit Handwerkszeug«, praktisch bleiben, Handlungssicherheit,
▶ innere Konflikte, Wertekonflikte, eigene Entwicklung,
▶ Umgang mit schwierigen Schüler:innen und Eltern, Fallbesprechung, Klassenführung, Kinderschutzthemen,
▶ Teambildungsstrategien, Mitarbeiterführung,
▶ Umgang mit schwierigen Kolleg:innen,
▶ Umgang mit schwieriger Leitung,
▶ Stressbewältigungsstrategien, Selbstfürsorge und Psychohygiene,
▶ Vernetzung.

Diese Gruppensupervisionen sind oft stark von der Rollenspezifik ihrer Teilnehmenden geprägt: Personalräte betrachten schwerpunktmäßig die Zusammenarbeit mit der Schulleitung und ihre besondere Doppelrolle als Pädagog:innen und Personalvertretung.

Wichtige Triaden sind hier zum Beispiel Personalrat, Leitung und Kollegium sowie Personalrat, Schule und Schulaufsicht. Führungs- und Schulentwicklungsthemen werden häufig in Leitungssupervisionsrunden betrachtet. Triaden sind in diesem Fall beispielsweise Leitung, Pädagoge und Schüler:in oder Leitung, Primäraufgabe und Pädagoginnen. Hier wird oft besprochen, wie man mit bestimmten Mitarbeitenden oder der gefühlten Unkündbarkeit von Beamten umgehen kann, wie Entwicklungsanforderungen angegangen werden oder welche Kooperationspartner:innen empfehlenswert sind. Zudem dient diese Art der Gruppensupervision manchen dazu, die gefühlte Isolation und Ohnmacht in der eigenen Führungsposition aufzulösen.

In der Gruppensupervision von Integrationshelfer:innen, die in der Regel Mitarbeitende anderer Arbeitgeberorganisationen mit dem Arbeitsort Schule sind, wurden nicht nur die Herausforderungen im Umgang mit den Schüler:innen, für die sie engagiert sind, oder die Gelingensbedingungen von Elternarbeit thematisiert. Oft ging es um das existentielle Dilemma, dass bei wirksamer Integrationshilfe die Hilfe selbst und somit auch die Bezahlung der Helfenden gekürzt würde. Zudem wurde ihre Rolle als »Eindringling« im System Schule, welches sie selbst kaum integriert (kein Platz im Lehrerzimmer, kein abschließbarer Schrank für persönliche Gegenstände, Jacken etc.) sehr deutlich. Wenn zwischen beiden Institutionsleitungen und den Sorgeberechtigten Aufgaben und Arbeitsbedingungen nicht gezielt und transparent geklärt werden, gibt es zahlreiche Themen, die man betrachten kann.

Die folgende Aufzählung zeigt eine Auswahl erprobter und nachgefragter Gruppenangebote im Bereich von Supervision im System Schule:
- ▶ Gruppensupervision für sonderpädagogische Lehrkräfte im inklusiven Unterricht an allgemeinbildenden Schulen,
- ▶ moderierte Fallsupervisionen für Beratungslehrkräfte einer Region, schulartübergreifend oder schulartbezogen,

- kooperative Praxisberatung »koPrax« (Jenaer Modell): Fallsupervision mit Vertreter:innen von Schule und Jugendhilfe gemeinsam zu anonymisiert besprochenen, komplexen Schülerfällen; Teilnehmende sind schulbezogen die jeweiligen Beratungslehrkräfte, Schulsozialarbeiter:innen, Mitarbeitende des Allgemeinen Sozialen Dienstes ASD der Jugendhilfe und der offenen Kinder- und Jugendarbeit sowie Schulpsycholog:innen (Stadt Jena, 2018),
- Gruppensupervision für Teamteaching-Tandems (ESF-gefördertes Modell der Kindersprachbrücke Jena e. V.; https://www.teamteaching.de/), ein Tandem aus Klassenleitung und sozialpädagogischer Fachkraft (Teamteacher), die für eine Klasse die gemeinsame Führungsverantwortung übernehmen und bei dem der Teamteacher eine Doppelbesetzung in jeder Stunde sicherstellt, um die Lehrkräfte zu entlasten und bleibende:r Ansprechpartner:in für die Schüler:innen der Klasse zu sein,
- Gruppensupervision für Schulbegleiter:innen beziehungsweise Integrationshelfer:innen gemäß §§ 35a ff. des Kinder- und Jugendhilfegesetzes SGB VIII bzw. §§ 53, 54 SGB XII,
- regelmäßige Gruppensupervision für Referendar:innen und Seiteneinsteigende während ihrer Qualifizierung,
- Gruppensupervision für örtliche Personalräte an den Schulen,
- Pädagog:innengruppen nach dem Freiburger Modell (Bauer, Unterbrink u. Zimmermann, 2007),
- Gruppensupervision für neu beauftragte Schulleitungen oder Hortkoordinator:innen etc.

Themenbezogene Supervisionsgruppen, zum Beispiel zur Förderung von Pädagog:innengesundheit nach dem Freiburger Modell (Bauer, Unterbrink u. Zimmermann, 2007) oder zum gesundheitsorientierten Führen (Pundt u. Felfe, 2017), bieten zusätzlich den Gewinn, dass thematische Microinputs bereits integriert sind und man mit geteilten Begrifflichkeiten und Theorieansätzen leichter einen gemeinsamen Fokus der Reflexion findet. Wir möchten zwei Beispiele hierzu in den folgenden Unterkapiteln beschreiben.

2.4.2.1 Gruppensupervision: Gesundheitsorientiertes Führen für Schulleitungen

Mit der Einführung der »Rahmendienstvereinbarung Gesundheitsmanagement« im Geschäftsbereich des Thüringer Ministeriums für Bildung, Jugend und Sport wurde 2016 festgelegt (TMBJS, 2016), dass bei allen Maßnahmen, Aktivitäten und Entscheidungen im schulischen Bildungsbereich folgende Ziele zu berücksichtigen sind:

- »Verbesserung des allgemeinen Gesundheitszustands der Beschäftigten sowie Förderung der Gesundheitskompetenz,
- Erhaltung und Steigerung der Leistungsbereitschaft und -fähigkeit,
- Erhaltung und Erhöhung der Zufriedenheit und Motivation,
- Stärkung der Kommunikation,
- Senkung der durch Krankheit und arbeitsplatzbedingten Beeinträchtigungen verursachten Kosten.« (S. 4)

Im gleichen Jahr begann die Entwicklung und Durchführung eines Supervisionsangebots, das diesen Kriterien entspricht und auf die spezifischen Anforderungen im System Schule abgestimmt ist (Munk-Oppenhäuser, 2020). Schulartübergreifende Zielgruppe sind Schulleiter:innen, deren Stellvertreter:innen und Pädagog:innen, die sich in der Führungskräfteentwicklung zu Schulleiter:innen befinden. Zur praktischen Durchführung entschieden wir uns für eine modulare, jeweils ganztägige Terminsetzung für feste Gruppen von maximal zehn Personen. Das Supervisionskonzept basiert auf dem wissenschaftlich evaluierten Ansatz des gesundheitsorientierten Führens (Pundt u. Felfe, 2017). Pundt und Felfe (2017) zeigen, dass Führungskräfte nicht nur durch ihr unmittelbares Verhalten, sondern auch indirekt über die Beeinflussung von Arbeitsbedingungen gesundheitliche Risiken für Mitarbeitende vermindern und deren Ressourcen fördern können. Zudem beeinflussen sie durch Vorbildverhalten und den Umgang mit der eigenen Gesundheit das Gesundheitsverhalten der Mitarbeitenden. Als besonderes Merkmal dieses Ansatzes ist hervorzuheben, dass gesundheitsförderliche Führung nicht nur in Bezug auf die Arbeitssituation und den Umgang mit den Mitarbeitenden, sondern auch mit

Blick auf den Umgang der Führungskräfte und Mitarbeitenden mit der eigenen Gesundheit reflektiert wird.

Dazu passend existiert das wissenschaftlich evaluierte Analyseverfahren »Health oriented Leadership« (HoL; Pundt u. Felfe, 2011), das für den systematischen Feedbackprozess mit dem betreffenden Kollegium genutzt wurde, um konkrete Ansatzpunkte zur Verminderung betrieblicher Gesundheitsrisiken zu identifizieren und entsprechende Themenfelder in der Supervision der Führungskräfte einzubauen. In der Gruppe wurden die Themen gemeinsam in konkrete Fragestellungen umgewandelt und Maßnahmen zur Förderung des gesundheitlichen Wohlbefindens der jeweiligen Kollegien entwickelt, eingeführt und in den darauffolgenden Supervisionsterminen reflektiert.

Die Module fanden im Abstand von vier bis sechs Wochen statt. Durch die feste Gruppenstruktur bildete sich schnell eine tragfähige Beziehung zwischen den Teilnehmer:innen heraus, die die Tiefe der Supervisionsrunden förderte. Einen eigenen Raum nahm der spezifische Themenkomplex des Umgangs mit von Sucht bedrohten oder betroffenen Pädagog:innen ein. Hier ging die Reflexion weit über dienstrechtliche Belange hinaus und beschäftigte sich mit den möglichen Hintergründen und Verhaltensmerkmalen von Betroffenen und deren Umfeld sowie dem Enttabuisieren von Sucht im schulischen System.

Ein Supervisionsteilnehmer berichtete davon, dass an seiner Schule mit Beginn des neuen Schuljahres mehrere junge Pädagog:innen angefangen hatten. Die anfängliche Freude der meisten Kolleg:innen wich bald Ärger und Frustration. Statt der erhofften dauerhaften Entlastung meldeten sich die neuen Kolleg:innen häufig krank. Damit verbunden war die Schulleitung oft gefordert, Vertretungen neu zu planen. In der Gruppe entstand eine lebhafte Diskussion dazu, ob es langfristig besser sei, sich in der Erkältungszeit für fünf Tage in den Krankenstand zu begeben oder noch mit Fieber und dem sprichwörtlichen »Kopf unterm Arm« vor der Klasse zu stehen – natürlich immer mit der Gefahr, Schüler:innen und Kolleg:innen anzustecken und gegebenenfalls wesentlich länger andauernde Erkrankungen zu provozieren. Im Verlauf der Diskussion erzählte der Schulleiter, er sei selbst sehr stolz, seit mehreren Jahren ununterbrochen dienstfähig gewesen zu sein. Letztlich räumte er jedoch ein, trotz tatsächlich teils gravierender gesundheitlicher Beeinträchtigungen weiterhin immer zum Dienst erschienen zu sein. Der Unterschied zwischen den Aussagen: »Ich war nie krank« und »Mir ging es nicht gut und ich bin dennoch zur Arbeit gegangen anstatt zum Arzt« wurde Kernthema dieser Supervisionsrunde.

Ein weiteres Beispiel einer spezifischen Gruppensupervision sind Lehrsupervisionsrunden für angehende Beratungslehrkräfte, die im nächsten Kapitel thematisiert werden.

2.4.2.2 Gruppensupervision: Lehrsupervision in der Beratungslehrkräfte-Weiterbildung

Als besonderes supervisorisches Gruppensetting im schulischen System kann man die Lehrsupervision im Rahmen der Qualifizierung der Beratungslehrkräfte betrachten. Beratungslehrkräfte sind in vielen Bundesländern ein wichtiger Bestandteil des internen Beratungsangebots der Schulen. Lehrkräfte, die sich einer berufsbegleitenden Qualifizierung unterziehen, stehen ihrer eigenen Schule mit einem Teil ihrer Arbeitszeit für die Beratung von Lehrkräften, Eltern oder Schüler:innen zur Verfügung, unterstützen schulische Projekte oder Schulentwicklungsprozesse. Die Aufgaben sind vielfältig und von Schule zu Schule sowie von Beratungslehrkraft zu Beratungslehrkraft unterschiedlich. In Thüringen beispielsweise werden Beratungslehrkräfte innerhalb von zwei Jahren in festen Weiterbildungsgruppen durch Referent:innen für Schulpsychologie qualifiziert. Neben thematischen Schwerpunkten sind die Auseinandersetzung mit der neuen Rolle als Berater:in, das Finden und Abgrenzen von Aufgaben an der eigenen Schule, die Entwicklung der eigenen Berater:innenpersönlichkeit, das praktische Üben von Beratungsgesprächen und das stetige Reflektieren von Haltung, Handlung und Kompetenzen feste Bestandteile (siehe auch Heimann, 2023). Das Kennenlernen von Intervision und Supervision ist in diesem Zuge unumgänglich. Die durchführenden Schulpsycholog:innen haben in diesem Kontext mehrere Rollen. So können sie zeitgleich Kursleiter:innen, Dozent:innen, regionale Fachvorgesetzte, spätere Kooperationspartner:innen und – in den jeweiligen Modulen –Supervisor:innen innerhalb der Ausbildung sein. Beurteilungs- und Bewertungsfunktion können die Basis für Rollenkonflikte sein, die jedoch nach Effinger (2015) zumeist eher Sorge der Supervidierenden ist und seitens der Supervisand:innen vor allem vom Ausmaß der Kompetenzzuweisung und der Beziehungsqualität abhängt.

Zwei Weiterbildungsgruppen für Beratungslehrkräfte wurden durch je zwei supervisorisch ausgebildete Schulpsychologinnen in der Funktion der Kursleitung begleitet. Im ersten Kurs traten diese innerhalb eines Seminarmoduls zur Vorstellung des Beratungsformates Supervision und anschließend kursbegleitend dauerhaft in der Rolle der Supervisorinnen auf. Im einführenden Seminar-Modul, welches sich drei Tage lang mit Supervision beschäftigte, wurden nach dem Einstieg über die Wurzeln und Geschichte der Supervision Anliegen der Teilnehmenden formuliert und mit dem triadischen Blick auf Person, Rolle und Organisation bearbeitet. Durch kleine reflektierende Übungen sollte das Denken über das eigene Berufshandeln angeregt werden. Die Rückmeldungen der Beratungslehrkräfte zu diesem Seminar waren durchweg positiv. Auch fühlten sie sich in ihrer Gruppe und im Zusammengehörigkeitsgefühl gestärkt und wertgeschätzt. Die Kursleiterinnen und gleichzeitig Fachreferentinnen traten in diesen drei Tagen auch in ihrer Rolle als Supervisorinnen auf.

Im zweiten, etwas anders konzipierten Weiterbildungskurs, begleiteten sie die Teilnehmenden von Anfang an in dieser Doppelrolle. Vom ersten Kennenlernen bis zum letzten Seminar war die Weiterbildung an die Ideen der »Systemischen Held:innenreise« (Lindemann, 2016) angelehnt. Bereits im ersten Modul reflektierten die Teilnehmenden in dieser metaphorischen Welt ihre (berufs-)biografische Herkunft, die eigene(n) Rolle(n) und ihre beraterische Haltung. In jedem Seminar-Modul wurden Übungen und Räume angeboten, um sich und die soziale Gruppe zu reflektieren und über das eigene professionelle Handeln in Denken und Austausch zu kommen. Zusätzlich wurde ein zweitägiges Seminar zur Vermittlung der Geschichte, des Nutzens und Sinns von Supervision durchgeführt. Durch diese gemeinsame »Reise« und das stetige Üben in regelmäßigen Abständen etablierte sich im Kurs eine Kultur der Selbst- und Sozialreflexion.

Die besondere Anforderung in diesem Setting liegt darin, dass curriculare Themen festgelegt sind, um die es auch in der Lehrsupervision geht. Gleichzeitig gibt es klare zeitliche Vorgaben und die Supervisionsteilnahme an sich ist nicht freiwillig, auch wenn die Bewerbung zur Weiterbildung frei gewählt wurde.

Auf Wunsch solcher Weiterbildungsgruppen können nach Abschluss der Qualifizierung feste Folgetreffen im Rahmen berufsbegleitender Supervision stattfinden. Diese ähneln in Rahmen und Setting den klassischen, oben beschriebenen Gruppensupervisionen. Bleibt die Personenkonstellation erhalten, entfällt die Rolle der Kursleitung für die Referent:innen für Schulpsychologie, und die Grundprofessionalisierung, zu der auch die Lehrsupervision beigetragen hat, ist abgeschlossen. Der Spezialfall, dass schulpsychologische:r Supervisor:in und zertifizierte Beratungslehrkräfte sich zu berufsbegleitender Supervision treffen und die Schulpsycholog:innen gleichzeitig noch als Fachvorgesetzte der Beratungslehrkräfte gelten, wird allgemein als »administrative Supervision« bezeichnet.

Neben den oben beschriebenen vielfältigen Varianten des Gruppensettings der Supervision im schulischen Feld gibt es natürlich auch die Variante, dass sich Kollegien oder Subteams aus einer Schule zur Supervision einfinden oder aber ein Leitungsteam einer Schule Supervision für sich nutzt.

2.4.3 Teamsupervision

Für die Supervision schulischer Teams beziehungsweise Kollegien, die je nach Schulgröße auch die Arbeit mit größeren Gruppen erfordern kann, werden erfahrungsgemäß expliziter als in anderen Settings Dreieckskontrakte zwischen Supervisor:in, Schul- beziehungsweise Teamleitung und dem Team selbst geschlossen. Das Team kann aus Erzieher:innen aus dem Hort und Schulsozialarbeiter:innen bestehen oder auch komplett aus Lehrkräften. Diese Aufträge entstehen aufgrund von Anfragen durch die Leitung oder Erstkontakte über das Schulsekretariat oder ein als Sprecher:in entsandtes Teammitglied. Ungefähre Ziele sind, wie oben schon erwähnt, oft die verbesserte Kohäsion und Kooperation und die Arbeit an der professionellen Kompetenz und Reflexionsfähigkeit. Rollen- und gruppendynamische Beziehungen im Team sowie die Beziehungen zwischen dem Team und der Leitung sowie die Arbeit mit Schüler:innen und der Elternschaft sind typische Anliegen.

In der Teamsupervision der Erzieherinnen[1] an einer Grundschule entschied sich das Team in der Sitzung, einen Schüler aus der ersten Klasse fallsupervisorisch zu bearbeiten. Der neu hinzugezogene Schüler war aufgrund zahlreicher schwerer Konflikt- und Gewaltvorfälle gegenüber Schüler:innen und auch Erwachsenen bereits vom Hortbesuch ausgeschlossen worden. Erzieherische Kontakte bestanden aktuell in den Hofpausen, während des Essens und in der Doppelbesetzung vormittags im Unterricht. Er trainierte viel, war sehr flink und kräftig und in Frustsituationen agierte er schnell übergriffig und aggressiv. Er machte frauenfeindliche Sprüche und ängstigte seine Mitschülerinnen mit diesem Verhalten. Das gesamte Erzieher:innenteam kannte ihn, die seiner Klasse zugeordnete Erzieherin hatte bereits Verletzungen durch ihn erlitten und Anzeige bei der Polizei erstattet. Die Fokusfrage lautete, wie man im Falle einer nächsten Eskalation frühzeitiger eingreifen und sich und die Kinder schützen könne. Nach einem Microinput zu Aggressionskurven und Deeskalationsstrategien reflektierte die Gruppe Hypothesen zur Entstehung und Verhinderung dieses Verhaltens und Strategien zum Eigenschutz und Schutz der Schüler:innen sowie zum mit der Klassen- und Schulleitung abgestimmten Vorgehen beim Ver-

---

1 In Thüringen ist die außerunterrichtliche Betreuung in den Klassen 1 bis 4 durch (Hort-)Erzieher:innen im Rahmen des Horts abgesichert.

dacht auf Kindeswohlgefährdung. Auch in den Folgesupervisionen war der weitere Umgang mit diesem Schüler noch mehrfach Thema.

Statt eines verändernden Eingriffs in die gesamte Schulstruktur geschieht im Setting der Teamsupervision »nur« eine Reflexion über die erlebten Verhältnisse. Weitere Kernthemen sind beispielsweise:
- Rollenaushandlungen (z. B. zwischen Beratungslehrkraft, Schulsozialarbeiter:in und Vertrauenslehrkraft),
- interne Arbeitsteilung (z. B. zwischen Schulleiter:in, Stellvertreter:in, Oberstufenleiter:in, Fachschaftsleiter:innen etc.),
- Entscheidungs- und Problemlöseprozesse (z. B. zur Frage, ob und wie eine bisherige Schulordnung der Schule demokratisch aktualisiert werden kann),
- teaminterne Regelungen (z. B. zur Frage, wie die Einarbeitung von Seiteneinsteiger:innen in eine Schule von mehreren Kolleg:innen gut und intensiv abgesichert werden kann),
- professionelle Kommunikation mit allen an einer Schule Beteiligten.

Erfahrungsgemäß beeinflusst die jeweilige Kultur in den Schulen die Themen und Anliegen in den Teamsupervisionen, je nachdem, ob es eher flach hierarchisch oder sehr weisungsgebunden arbeitende Kollegien sind. Erstere leben beispielsweise eine spezifische Selbstregulation mit Fokus auf Teamgeist und flexible Aufgabenteilungen. Sie korrelieren oftmals mit aus Elterninitiativen heraus gegründeten Schulen in freier Trägerschaft in ihren Anfangsjahren. Letztere sind eher verwaltungsbürokratisch strukturiert – mit klar einzuhaltenden Hierarchie- und Entscheidungsebenen.

Eine Schule in freier Trägerschaft bat um Supervision der Schulleitung auf Basis des »Time to think«-Ansatzes von Kline (2016). Die Zusammensetzung des Leitungsteams unterschied sich deutlich vom klassischen Leitungsteam staatlicher Schulen, die nur mit einer Leitung und einer Stellvertretung besetzt sind: Sie bestand hier aus dem Leiter selbst und eher demokratisch organisiert aus diversen Vertreter:innen des pädagogischen Personals, unter anderem den folgenden: Sprecher:in seiteneingestiegene Pädagog:innen, Sprecher:in Sonderpädagog:innen, Sprecher:in Klassenleitungen und Sprecher:in Fachlehrer:innen. Auch die Geschwindigkeit bei der Einbindung des Reflexionsansatzes in den eigenen Arbeitsalltag war sehr hoch. Der größte Unterschied aus beraterischer Sicht waren die Tiefe und Eingeübtheit der Reflexionskompetenz des Teams, was die Supervisionsrunden an sich ebenfalls qualitativ stark beeinflusste.

Zu einer durch Supervision anvisierten Professionalisierung von Pädagog:innen gehören neben der allgemeinen Erhöhung der (Selbst-)Reflexionsfähigkeit eine erhöhte Kooperation und Kommunikation innerhalb von Teams bis hin zu institutionalisierten Kooperationsformen in Schulkollegien. Reh (2008) zeigt, dass selbst in Kollegien, die bereits die Haltung einer gemeinsamen Verantwortung für Lerngruppen angenommen haben, und wo Kooperation und Teamarbeit erwünscht sind und als Entlastung (statt als Belastung) angesehen werden, zwar mehr und eher horizontal statt vertikal über didaktische Entscheidungen kommuniziert wird (»Wann macht wer von uns was?«), didaktische Grundannahmen aber, also das »Warum sollten die Schüler:innen dies tun?« oder »Wie wollen wir unsere Rolle verstehen?«, selbst in eher teamorientierten Kollegien kaum oder gar nicht reflektiert werden. Es war zu beobachten, dass darüber gesprochen wird, wie Ziele umgesetzt werden, aber nicht darüber, welche Ziele die wichtigen sind. Ob dies heißt, dass diese Reflexivitätsebene demzufolge nicht erreicht wird, oder nur nicht in der beobachteten alltäglichen Interaktion zwischen den Pädagog:innen erkennbar war, bleibt unbeantwortet.

In der Literatur finden sich häufig Empfehlungen, Teamsupervisionen mit 5 bis 20 Sitzungen im Rhythmus von 14 bis 28 Tagen über je 90 bis 120 Minuten Dauer einzuplanen (z. B. Rappe-Giesecke, 2009). Die Erfahrung im Feld Schule zu diesen Settingempfehlungen ist, dass eine solch hohe Frequenz an Schulen kaum umsetzbar ist. Angefragt werden zumeist Supervisionen in größeren Abständen.

Außerdem erfolgt die Planung der Sitzungen schulintern zum Beispiel im Wechsel mit Dienstberatungen, um gewohnte Beratungsrhythmen zu nutzen. Möglich sind ebenso Kompakttermine, die länger dauern (z. B. 4 Zeitstunden in größeren Abständen). Auch verläuft ein Schuljahr in typischen Phasen und lässt gerade in den arbeitsintensiven (z. B. während der Prüfungsphase, der ersten Schulwochen mit Elternabenden, der Wochen des Notenschlusses und des Schreibens der Zeugnisse) weniger zeitliche und mentale Kapazitäten für die Reflexion zu als in anderen Schuljahresphasen. Erfahrungsgemäß werden in den Schulferien eher Randzeiten, beispielsweise die ersten oder letzten Ferientage, als Tage zur Reflexion genutzt.

2.4.4 Orte für Supervision im Schulbereich

Die bisher aufgezählten Fallbeispiele unterscheiden sich unter anderem auch hinsichtlich der Orte, an denen Supervision in einer Schule stattfindet. Gilt in der Pädagogik schon sehr lange die Idee, dass der Raum der »dritte Pädagoge« ist, so betonen beispielsweise Müller und Beumer (2023), dass Räumen auch in der Beratung eine triangulierende Funktion zukommt. Beratungsräume sollten bestenfalls Schutzräume sein, entschleunigend wirken und sind ihrer Ansicht nach ein Spiegelbild von Struktur und Selbstverständnis der Supervisor:innen – wenn diese sie selbst bestimmen und schaffen können.

Da staatliche Schulen eher selten mit klassischen Beratungsräumen für große Erwachsenengruppen ausgestattet sind, muss für schulinterne Supervision vor Ort oft erst einmal ein freier Raum gesucht werden, der bestenfalls den Ansprüchen eines vertraulichen und wertschätzenden Umfeldes genügt. Supervision mit Schulleitungen passiert häufig im Schulleitungsbüro, sodass in der Regel mindestens die Schulsekretariate den eigentlich vertraulichen Besuch des Beratenden ebenso registrieren und die Beratung der Leitung dort stattfindet, wo diese in der Regel Mitarbeiter:innengespräche führt, Schülerverweise ausspricht etc. Teamsupervision oder Fallberatungen finden häufig in gerade ungenutzten Klassenräumen statt, damit das Lehrerzimmer »verschont« bleibt und die pädagogischen Arbeitsmaterialien nicht beiseite geräumt werden müssen. Oder es ist so, dass ohnehin nicht allen Kolleg:innen ein eigener Stuhl in jenem Raum zur Verfügung steht. Im Klassenraum werden dann Schülertische und Stühle schnell zusammengerückt. Zumindest in den Anfangsrunden ist ein Stuhlkreis für Teilnehmende eher ein »Wagnis«, da er zumeist ungewohnt und sofort mit verschiedenen Hypothesen darüber verknüpft ist, was passieren könnte. Alternativ fühlen sich die Teilnehmenden ab und an mit den Fächern unter der Schulbank und einem Stuhl, der eher die passende Größe für kleinere Schüler:innen hat, schnell wieder in die eigene Schulzeit zurückversetzt, was konstruktiv gesehen durchaus einen Perspektivwechsel in den Sichtweisen von Kindern und Eltern erleichtern kann. Mindestens bietet diese Vielfalt an räumlichen Settings dem oder der Beratenden einige Einblicke in die jeweilige Schul- und Kommunikationskultur. Am Ende der Beratung werden nicht selten gemeinschaftlich die Stühle wieder hochgestellt oder die Klassensitzordnung wieder hergestellt. Struktur und Selbstverständnis der Supervision unter diesen räumlichen Bedingungen herzustellen, fordert Supervisor:innen erfahrungsgemäß einiges ab.

Ein supervisionserfahrenes Hortteam möchte seine Supervision mit der neu beauftragten Beraterin auch außerhalb des Schulgebäudes stattfinden lassen. Das Team selbst kümmert sich stets um einen neutralen Ort, welcher unweit der Schule ist. Den kurzen Weg dorthin und zurück begeht das Team gemeinsam und trifft dort die Supervisorin. An einem der letzten Termine im Schuljahr gab es in den außerschulisch organisierten Räumlichkeiten Umbaumaßnahmen, sodass die Supervision erstmalig in der Schule stattfinden musste. Die Sitzung wurde mehrfach unterbrochen: Schüler schauten interessiert durch die Glastür in den Raum, eine Lehrkraft benötigte dringend etwas aus dem Materialschrank und das häufige Klingeln der Schulglocke unterbrach stets den Arbeitsprozess. Die Erzieher:innen meldeten einstimmig zurück, dass sie sich nicht so frei und wohl fühlten wie in den gewohnten externen Räumlichkeiten, die für die nächsten Sitzungen wieder fest gebucht wurden.

Sehr hilfreich ist ein neutraler dritter Raum bei denjenigen Aufträgen, bei denen es um fusionierte Teams beziehungsweise Schulen geht, die noch keine gemeinsame Identität entwickelt haben. Hier sind Supervisionen außerhalb der schulischen Räume, zu denen die verschiedenen Teilnehmenden entweder (zu) viel oder (zu) wenig Verbindung spüren, sinnvoll.

Supervisionsgruppensitzungen mit Teilnehmenden von verschiedenen Schulen finden in der Regel in den Beratungsräumen der Supervisor:innen oder in extern angemieteten Räumen statt. Der räumliche Abstand der Supervisand:innen von der eigenen Schule, von Schüler:innen, Kolleg:innen etc. sowie die Vorbereitung und Ausgestaltung der räumlichen Bedingungen gemäß dem supervisorischen Selbstverständnis wirken erfahrungsgemäß reflexionsunterstützend. Ein Stuhlkreis mit beratungsfreundlichen Stühlen für Erwachsene, eine vorbereitete Mitte, eine einladende Atmosphäre lösen bei vielen ein Gefühl von »willkommen sein« aus. Dies wird oft als positive Wertschätzung der Supervisand:innen wahrgenommen und kann ein Gesprächsöffner sein.

Bezogen auf Beratungsorte hat die Zeit der Coronapandemie aus einer Notlage heraus weitere hilfreiche Wege im Bereich Schule hervorgebracht.

Während der ersten Monate der Pandemie im Jahr 2020, in denen Externe nur in Ausnahmefällen Schulen betreten durften, fragte ein Referendar belastungsbedingt dringlich Supervision an. Für das Erstgespräch mit dem Wunsch nach einer möglichst intimen Gesprächsatmosphäre wurde ein »Walk and Talk« in der Umgebung seiner Schule während zwei Freistunden in infektionsschutzgerechter physischer Distanz vereinbart. So konnten sich Beraterin und Referendar einen persönlicheren und direkteren Eindruck voneinander verschaffen. Für die nächsten Termine verblieb man miteinander in einer engen Abfolge von Videokonferenzen mit dem Angebot, bei einem veränderten Bedarf persönliche Treffen in den Räumen der Beraterin durchzuführen. Parallel erfolgte nach jeder Videokonferenz seitens der Beraterin eine kurze zusammenfassende und wertschätzend-motivierende E-Mail mit kleinen Übungsvorschlägen und Empfehlungen zur inhaltlichen Vertiefung sowie der Bestätigung des nächsten Termins.

Gehen wir von unserer Hoffnung aus, Supervision im schulischen System zukünftig verpflichtend einzuführen und so eine Reflexionskultur an Schulen zu fördern, müssen wir beachten, dass Schulen verwaltungsfachlich gesehen »untere Landesbehörden« sind, die einer bürokratischen Organisationskultur und einer entsprechenden Hierarchiestruktur unterliegen, bei der es sich erfahrungsgemäß immer empfiehlt, einen Blick auf wichtige rechtliche Grundlagen zu werfen.

2.5 Rechtliche Grundlagen von Supervision an Schulen

Supervision für Mitarbeitende und Führungskräfte ist in vielen Bereichen der »Arbeit am Menschen« vorgegebenes Qualitätsmerkmal mit einer zudem gesundheitsfördernden Wirkung. Die Jugendhilfe beispielsweise bezieht sich mit Supervisionsangeboten für Mitarbeitende auf die Vorgaben des Sozialgesetzbuches (SGB VIII § 72, Abs. 3), da sie als Träger Fortbildung und Supervision, die sogenannte »Praxisberatung«, der Mitarbeitenden sicherstellen soll. Eine genaue Entsprechung einer solchen Beratungsvorgabe im schulischen Bereich gibt es in Deutschland leider nicht. Sowohl gemäß den gesetzlichen Bestimmungen für Beamt:innen als auch gemäß den Lehrerdienstordnungen der Länder besteht nur eine Pflicht zur Teilnahme an Fortbildungen. Diese Fortbildungsmaßnahmen sollen gewährleisten, dass Pädagog:innen stets in der Lage sind, die an sie gestellten Erwartungen zu erfüllen und sich ihrem Beruf mit voller Hingabe zu widmen. In einigen Ländern gibt es in den Konzeptionen zur Führungskräfteentwicklung und zur Ausbildung von Beratungslehrkräften verankerte Fallberatung und Supervision, jedoch sind auch diese nicht flächendeckend und nicht immer umgesetzt durch zertifizierte Supervisor:innen. Wie in diesem Rahmen eine begleitende

Lehrsupervision gestaltet werden kann, zeigt am Beispiel Thüringens das Fallbeispiel auf Seite 43.

Im komplexen schulischen System von Gesetzen, Dienst- und Schulordnungen, Verwaltungsvorschriften, schulfachlichen Empfehlungen und pädagogischen Konzeptionen benötigt es eine Verortung des Beratungsformates Supervision für Pädagog:innen und schulische Führungskräfte. Die für die Bildungspolitik der Länder richtungsweisende Kultusministerkonferenz (KMK) beschloss 2020 in ländergemeinsamen Eckpunkten zur Fortbildung von Lehrer:innen, dass berufsbegleitende Qualifizierungsmaßnahmen für Pädagog:innen im Sinne des lebenslangen Lernens bedeutsam sind. Sie dienen gemäß der KMK dem Erhalt, der Aktualisierung und der Weiterentwicklung der vorhandenen beruflichen Kompetenzen und leisten außerdem einen Beitrag dazu, Entwicklungsprozesse in der Schule zu initiieren, neu auszurichten und aufeinander abzustimmen. Organisationale Kapazitäten sollen so gestärkt werden (KMK, 2020). Auch wenn kollegiale Fallberatung, Supervision und Coaching hier nicht ausdrücklich als Formate aufgelistet werden, so liegt es bei den formulierten Zielen doch nahe, diese Formate als spezifische Qualifizierungs- und Gesundheitsförderungsmaßnahmen zu inkludieren. Als Beratende in der Praxis stehen wir selbstverständlich stark hinter dieser Argumentation.

Schon 2010 forderte die Deutsche Gesellschaft für Supervision (DGSv) als Interessenvertretung der Anbieter:innen dieses Beratungsformates nicht nur die flächendeckende Einführung von Supervision im Schulsystem und untermauerte dies anhand verschiedener Expert:innenstimmen und Fallbeispiele (DGSv, 2010). Man schlug ebenso vor, die Dauer der Supervision als Arbeitszeit anzuerkennen.

Gibt es keine gesetzlichen oder dienstrechtlichen Grundlagen für alle Schulen, so könnte auch eine Schulleitung selbst Supervision als Teil des individuellen Schul- und Personalentwicklungskonzeptes verpflichtend ansetzen und in Dienstpläne integrieren, sofern den einzelnen Bediensteten keine privaten Kosten entstehen (siehe auch Jetzschke, 2018). Auch die Fürsorgepflicht des Dienstherrn beziehungsweise der Vorgesetzten gegenüber ihren Mitarbeitenden und ihre Verantwortung für die Qualität schulischer Arbeit sprechen klar dafür. Da staatliche Schulen über vergleichsweise sehr geringe Fortbildungs- und Schulbudgets verfügen können, ist wiederum ein passendes Angebot im staatlichen beziehungsweise landeseigenen Berater:innensystem der Schulen wichtig.

Es ist durchaus denkbar, dass direkte schulische Führungskräfte oder leitende Behörden eine reflexive, berufsbezogene Beratungsteilnahme anweisen oder vorgeben, wie dies bei vielen anderen Trägern sozialer Arbeit schon passiert. Wie intensiv sich jede:r einzelne Supervisand:in in diesen Beratungsformaten einbringt oder welche Themen, Anliegen oder Fragen man bearbeiten möchte, basiert dann auf dem eigenen Problembewusstsein sowie der Offenheit für Reflexion. Dies hängt neben individuellen Bedarfen sicher auch von der Qualität der Arbeitsebene mit den Supervisor:innen sowie dem Vertrauens- und Zugehörigkeitsgefühl zur Supervisionsgruppe ab.

Allerdings möchten wir gleichzeitig klar Stellung dazu beziehen, dass Supervision auch im Rahmen des schulischen Systems nicht als Anpassungsinstrument missverstanden werden darf (siehe auch Meidinger u. Enders, 2007). Nach Jetzschke (2018) ist Supervision kein Allheilmittel und ersetzt weder bildungspolitische Entscheidungsprozesse noch gute Führung im Sinne von regelmäßigen Mitarbeiter:innengesprächen oder Teamberatungen. Sie ist auch nicht alleiniges Mittel, um Mitarbeitende mit fehlender Ausbildung zu professionalisieren oder desolate strukturelle Bedingungen zu kompensieren. Besteht der begründete Verdacht, dass Schulaufsicht oder Schulleitung verdeckte Aufträge in dieser Richtung beabsichtigen, kommen selbst systeminterne Berater:innen an den Punkt, Aufträge gegebenenfalls abzulehnen.

Die Themen, mögliche Programme und Settings innerhalb des schulischen Systems sind eine unglaublich gewinnbringende und spannende Herausforderung für Supervisor:innen. Der folgende Teil des Buches widmet sich der Betrachtung der Schulpsychologie als möglichem internen Subsystem von Supervision im Schulbereich und bildet unseren zweiten Themenschwerpunkt im Buch ab.

3 Systeminterne Supervision am Beispiel der Schulpsychologie

In den vorangegangenen Kapiteln wurde das Supervisand:innensystem Schule näher betrachtet, um unserem ersten Themenschwerpunkt zu folgen. Wenn wir darauf aufbauend postulieren, dass es nach unserer Erfahrung sehr sinnvoll wäre, die Schulpsychologie von heute als professionellen Anbieter von Supervision für Schulen weiter zu etablieren – sofern die Qualifikations- und Qualitätsstandards sowie die ethischen Leitlinien der einschlägigen Berufs- und Beratungsverbände als Richtlinie eingehalten werden – müssen wir dieses spezifische, systeminterne Berater:innensystem näher betrachten. Mit der besonderen Feldkompetenz sowie der strukturellen Einbindung in das System Schule ist unseres Erachtens die Schulpsychologie prädestiniert, das Beratungsformat Supervision für Pädagog:innen anzubieten und den eigenen Arbeitsschwerpunkt künftig wesentlich stärker in dieses Feld zu verlagern.

3.1 Schulpsychologie: Aufgaben, Kompetenzprofil und strukturelle Verortung

Die Aufgabenfelder und Arbeitsprinzipien der Schulpsychologie variieren in der Umsetzung je nach Staat (Forster, 2021) beziehungsweise Bundesland (Drewes u. Seifried, 2021). Neben den klassischen Aufgaben der schülergruppenbezogenen Beratung und Unterstützung aller an einer Schule beteiligten Personen und der Beratung von Einzelpersonen ist Supervision im Rahmen der Systemberatung hier bereits klar formuliert. In welchem Umfang oder welcher Güte dies aktuell passiert, ist nicht ausreichend evaluiert. In Thüringen beispielsweise haben Schulpsycholog:innen vielfältige Aufgabenfelder, wobei sich der Schwerpunkt in den letzten Jahren zunehmend in Richtung schulzentrierter Beratung und Supervision verschiebt. Unter den Aufgaben des Schulpsychologischen Dienstes Thüringen finden sich neben der Beratung von Schüler:innen und Eltern sowie der Fortbildung für Lehrkräfte auch

▶ die Beratung von Schulleitungen, Lehrkräften und Erzieher:innen im Rahmen von Coaching und Supervision für Einzelpersonen,
▶ schulinterne und schulübergreifende Gruppensupervision und Fallberatung sowie
▶ die prozessbegleitende Beratung in Team- und Schulentwicklungsfragen.

Grundsätzlich werden schulpsychologische Stellen in den Ländern mit Psycholog:innen besetzt, die einen Diplom- oder Masterabschluss von einer Universität vorweisen können, oder aber – dies gilt für Bayern – mit Pädagog:innen mit einer entsprechenden schulpsychologisch-beraterischen Zusatzqualifikation. Eine fundierte Ausbildung und Erfahrung als Supervisor:in sind in der Regel keine Einstellungsvoraussetzungen. Bei der Vielfalt der meisten Stellen- und Aufgabenbeschreibungen ist es jedoch naheliegend, dass für Schulpsycholog:innen ausgehend vom Studium der Psychologie weitere Qualifikationen im Bereich Beratungspsychologie, Moderation und Mediation, Krisenintervention und Notfallpsychologie oder Supervision bis hin zu Organisations- und Schulentwicklung sehr nützlich sein können. Diese sind in den Teams tatsächlich oft als Zusatzqualifikationen zu finden. Weder bieten alle Dienstherren diese Ausbildungen in den landeseigenen Instituten an noch finanzieren sie eine Teilnahme bei externen Anbietern.

Die strukturelle Anbindung schulpsychologischer Supervisor:innen im System Schule ist über die Bundesländer hinweg zwar nicht vollständig gleich, aber ähnlich. Die Schulpsychologie in Thüringen beispielsweise ist in den unteren Schulaufsichtsbehörden, den staatlichen Schulämtern, angesiedelt, und dem Ministerium für Bildung, Jugend und Sport unterstellt. Die Aufgaben der staatlichen Schulämter sind vorrangig schul- und verwaltungsfachliche Aufgaben, insbesondere die Fachaufsicht über die Schulen, die Dienstaufsicht über Schulleitungen und die Beratung und Unterstützung der Schulen in der Erfüllung der Bildungs- und Erziehungsaufgaben. Als Teil der Referate »Schulentwicklung, Lehrerbildung und Schulpsychologischer Dienst« arbeiten die Referent:innen für Schulpsychologie mit Pädagog:innen, Gesundheitsfachkräften und Verwaltungsfachkräften in multiprofessionellen Teams und verantworten Themenfelder wie Schulentwicklung, Lehrerbildung, kulturelle und politische Bildung sowie Gesundheitsmanagement gemeinsam. Die Aufgabengebiete dieser Referate liegen ausschließlich in der Beratung, die aufsichtlichen Aufgaben sind in anderen Referaten angesiedelt. Diese strukturelle Anbindung regelt die Zugangsmöglichkeiten für Ratsuchende zum Schulpsychologischen Dienst. Gleichzeitig sind die Berater:innen hiermit informatorisch angebunden an wichtige Regelungen, Entscheidungen und Entwicklungen in der schulaufsichtlichen Verwaltung beziehungsweise der Bildungspolitik.

Neben den oben genannten Grund- und Zusatzqualifikationen und der mit der beruflichen Erfahrung und der internen Verortung in der Regel anwachsenden Feldkompetenz, neben Wissen und Können also, sind als weitere Komponenten des Kompetenzdreiecks die beraterische Haltung und das Selbstverständnis sowie die eigene Reflexionskompetenz entscheidend für die Qualität der Arbeit. Diese Aspekte beleuchten wir in den nächsten Kapiteln genauer, um zu zeigen, dass auch Schulpsychologie neben externen Kolleg:innen ein passender Anbieter von Supervision sein kann. Gleichwohl zeigen die im Folgenden beschriebenen Aspekte auch für externe Kolleg:innen relevante Themen für die Supervision im schulischen Bereich, zumal es über die Bundesländer hinweg deutlich zu wenige supervisorisch qualifizierte Schulpsycholog:innen gibt, um das Beratungsformat flächendeckend anbieten zu können.

3.2 Hilfreiche Beratungskonzepte innerhalb der Schulpsychologie

Schulpsychologische Handbücher, Zeitschriften und Artikel beschäftigen sich schon lange zu einem großen Teil mit pädagogischen Kernthemen und der entsprechenden psychologischen Fachberatung. Von knapp vierzig Kapiteln im aktuellen »Handbuch Schulpsychologie« (Seifried, Drewes u. Hasselhorn, 2021) beschäftigt sich beispielsweise eines mit dem prozessbezogenen Beratungsformat Supervision in der Schule, während sich 28 Kapitel mit psychologischer Fachberatung zu (sonder-)pädagogischen Themen wie Diagnostik, Teilleistungsstörungen, Förderbedarfen, Mobbing, diversen Interventionsprogrammen etc. beschäftigen. Beratungsqualität, Beratungskonzepte und -strategien an sich werden im schulpsychologischen Fachbereich selten ausführlich betrachtet.

Auch Schulpsychologe Seifried (2021) stellt fest, dass Supervision an Schulen noch immer die Ausnahme ist. Wir nehmen an, dass dies vor allem von der schulpsychologischen Berufsgruppe selbst verändert werden könnte und sollte. Supervision als Kernangebot der Schulpsychologie ermöglicht dieser nicht nur die seit Jahrzehnten geforderte Abkehr von der Expert:innenberatung im Feld Schule. Sie bietet die Chance, reflexionsorientierte Prozessberatung für Einzelpersonen, Gruppen und Teams zu kultivieren bis hin zur supervisorischen Begleitung von Schulentwicklungsprozessen.

In Bezug auf Beratungstheorie und beraterische Konzepte verpflichten sich die meisten Schulpsycholog:innen in ihren Leitbildern der systemischen Beratungsweise (siehe auch Hubrig u. Herrmann, 2007; Erbring u. Metzger, 2022). Sie nutzen gern den ressourcenorientierten und lösungsfokussierten Beratungsansatz angelehnt an den entsprechenden Zweig der Kurzzeittherapie nach Steve de Shazer und Insoo Kim Berg (Kim Berg u. de Jong, 2003). Aktuell werden die beraterischen Methoden der Positiven Psychologie nach Robert Seligman (2012) und des Fähigkeitsdenkens nach Furman und Ahola (2020) auch im Schulbereich zunehmend stärker genutzt. Diese Ansätze sind in ihrer Wirksamkeit gut erforscht und gleichzeitig einfach, klar und verständlich in ihrer methodischen Anwendung.

In den nächsten Kapiteln diskutieren wir die Vor- und Nachteile systeminterner Supervision im Bereich Schule anhand unserer eigenen Erfahrungen als zwei schulpsychologische Supervisor:innen und ein externer Berater mit der Idee, dass interne und externe Berater:innen, die im Feld Schule supervisorisch tätig sein möchten, verschiedene der beschriebenen Aspekte aus ihrer eigenen Sicht vielleicht etwas konkreter analysieren und betrachten können.

3.3 Systeminterne Supervision an Schulen: Vor- und Nachteile am Beispiel der Schulpsychologie

Interne Supervisor:innen stehen in einem Anstellungsverhältnis zur Organisation, sind also durch ihre Auftraggeber:innen direkt angestellt oder sogar verbeamtet. Sie haben einen festen Platz in der Organisation, in der sie auch beraten, und damit die Möglichkeit eines tiefen Einblicks in Kultur und Struktur sowie eine kontiniuerliche, gute Ansprechbarkeit für Supervisand:innen. Sie sind sowohl die Schnittstelle zu internen Organisationseinheiten als auch zu externen Kooperationspartner:innen und können intern durch anonymisierte Evaluation und Rückmeldungen einen Beitrag zur Organisationsentwicklung leisten (DGSv, 2019). Schulpsychologie als interner Anbieter von Supervision wird im Folgenden näher betrachtet.

3.3.1 Feldkompetenz und Formatevielfalt

Supervisorisch ausgebildete Schulpsycholog:innen bringen einen eigenen fachlichen Blick auf schulische Themen mit. Sie können pädagogische Beobachtungen psychologisch beziehungsweise psychodynamisch einordnen und wenn nötig, einen konkreteren Weg zu Netzwerkpartner:innen aufzeigen. Sie selbst bieten weder Familienberatung an noch dürfen sie Kinder und Jugendliche psychiatrisch diagnostizieren oder therapieren. Sie beraten Pädagog:innen in ihren Problemlagen, regen die Lösungsfindung an und fördern Reflexion und Austausch. Schulpsycholog:innen ist es erlaubt, Unterrichtsbesuche im Rahmen der Freiwilligkeit und des Einverständnisses aller Beteiligten durchzuführen, die im Bereich von Supervision hilfreich sein können, um beispielsweise direkter das Lehrer:innenverhalten in der Klasse zu beobachten und (Wechsel-)Wirkungen sowie Reaktionen rückzumelden und gemeinsam hilfreichere Alternativen zu reflektieren.

Pädagog:innen dürstet es erfahrungsgemäß nach Wertschätzung ihrer Arbeit. Häufig wird festgestellt, dass sie diese zwar manchmal von einzelnen Schüler:innen oder Eltern bekommen, in der Öffentlichkeit und vor allem aus den übergeordneten Behörden ihrer Einschätzung nach jedoch viel zu selten. Schulpsychologische Dienste sind mit Blick auf den Aufbau des Bildungssystems eher periphere Stabsstellen und in der Regel an mittlere Hierarchieebenen gekoppelt. So unterstützen sie als systeminterne Berater:innen, die in übergeordneten Behörden arbeiten, mit lösungsfokussierten, personenzentrierten Beratungsansätzen womöglich auch hier, und eröffnen Möglichkeiten für eine kooperative Zusammenarbeit zwischen Schulen, Familien und Schulaufsicht. Doch schulsysteminterne Beratung hat noch weitere spezifische Vorteile, auf die wir hier eingehen möchten: ein umfangreiches dienstrechtliches und verwaltungsfachliches Wissen, Wissen über interne Strukturen, Prozesse und die aktuelle Bildungspolitik. Intern Beratende kennen auch wichtige Ansprechpartner:innen im System und können somit leichter eine Vernetzung anstoßen.

Während schon aufgrund des schulpsychologischen Aufgabenprofils ausgeschlossen ist, Therapie anzubieten oder aufsichtliche Weisungen zu formulieren, dürfen Schulpsycholog:innen bei entsprechender Kompetenz und dem Einverständnis der Klient:innen unkompliziert einen Formatwechsel oder zusätzliche Formate, wie Trainings oder Schulentwicklungsberatung, anbieten – sofern der Bedarf hierfür erkannt wird. Dies steht dem allgemeinen Gebot der Deutschen Gesellschaft für Supervision (DGSv) gegenüber, die betont, dass (externe) Supervisor:innen die Grenzen zu anderen Formaten zu wahren haben (2023). Umso wichtiger wird, sollte sich ein Formatwechsel im Rahmen schulpsychologischer Supervision fachlich anbieten, die »Beratung über Beratung«, also die transparente Klärung eines potentiellen Formatwechsels mit den Auftraggeber:innen und Klient:innen. Dazu folgendens Beispiel:

Während mehrerer Termine einer Teamsupervision in einer pädagogischen Einrichtung wurde deutlich, dass das Team häufig in Irritation gerät, da es Konflikte miteinander nicht konstruktiv klären kann. Im Ergebnis brechen eigentlich gute Kontakte innerhalb der Gruppe ab und zerfallen zu Einzelkontakten. Die Supervisorin bot nach mehrfacher Reflexion dazu an, im nächsten Termin ein kleines Training zum Rosenbergschen Ansatz der Gewaltfreien Kommunikation einzuschieben mit der Idee, dass die Supervisand:innen danach entscheiden könnten, diese Kommunikationsform und viel mehr noch die dahinter liegende Haltung in ihren Alltag zu integrieren. Das Team stimmte zu und trainierte mit den aktuellen Konflikten in der nächsten Sitzung das Formulieren von Beobachtungen, Befindlichkeiten, Bedürfnissen und Wünschen an Teammitglieder. Dieses Training erleichterte das konstruktive Ansprechen alter Missverständnisse und Ärgernisse und das gemeinsame Nach-vorn-Blicken, wie man zukünftig miteinander arbeiten möchte. Vier Sitzungen später wollte das Team zum ersten Mal nicht über sich selbst, sondern die gemeinsame Kernaufgabe der Lehre reflektieren.

Natürlich ist Vorsicht bei diesem Exkurs in andere Formate wichtig. Während die beraterische Fachwelt eine saubere Unterscheidung der verschiedenen Formate sinnvollerweise fordert, nutzen Schulen erfahrungsgemäß pragmatisch und nicht zuletzt auch ihrem sehr geringen Budget geschuldet gern das vielfältige Angebot von Berater:innen, mit denen sie bereits wirksam gearbeitet haben, und unterscheiden verschiedene Formate selbst eher vage. Umso mehr Verantwortung tragen die Supervisor:innen, Erst- und auch Folgeaufträge sehr professionell zu klären und die erhoffte Wirkung zu evaluieren.

Ein Nachteil bei systeminterner Supervision durch Schulpsycholog:innen kann sein, dass sie zumeist so »tief« im System »verankert« sind, dass sie bestimmte Fragen als Supervisor:innen vielleicht nicht stellen, die jedoch wichtig wären, oder bestimmte Bedingungen nicht in Frage stellen, die durchaus hinterfragenswert wären – das »Exotisieren« fällt ihnen im Gegensatz zu Externen vielleicht schwerer (Bourdieu, 1988). Andererseits führen erfahrungsgemäß allein die Größe der Zuständigkeitsbereiche vieler Kolleg:innen und die Vielfalt der betreffenden schulischen Einrichtungen von Zentren zur Beschulung von Schüler:innen mit geistiger Einschränkung bis hin zu gymnasialen Eliteschulen, von Grundschulen bis hin zu berufsbildenden Schulen dazu, dass erfahrene Schulpsycholog:innen regelmäßig neuen Anliegen und Aufträgen begegnen.

3.3.2 Auftragsklärung und Dreieckskontrakt

Die strukturelle Verortung, die Aufgabenvielfalt, die Rollenkomplexität und die teils unterschiedlichen Erwartungen an die Schulpsychologie sind interessante, aber auch herausfordernde Rahmenbedingungen. Schulpsycholog:innen in Deutschland haben gemäß ihrem Berufsprofil, wie erwähnt, nicht nur diverse Aufgaben, sondern auch mehrere Rollen, und jonglieren mit unterschiedlichen Erwartungen. Sie sind Beratende, Mitarbeitende einer Behörde, Kolleg:innen der Schulaufsicht, Ausbilder:innen und stellenweise Fachaufsicht über die Beratungslehrkräfte. Es kann durchaus vorkommen, dass sie mit ihren Supervisand:innen in anderen arbeitsweltlichen Kontexten außerhalb der Supervision in Beziehung stehen. Teilweise erfahren schulpsychologische Supervisor:innen so auch ungewollt Informationen von Dritten über ihre Supervisand:innen und müssen natürlich sehr genau und bewusst ihre Schweigepflicht nach Strafgesetzbuch § 203 wahren – auch vor Teammitgliedern, Vorgesetzten und anderen Klient:innen innerhalb des Systems. Dies mag externen Supervisor:innen, die keine dienstlich bedingte Nähe zur Schulaufsicht haben und beratend in vielen Feldern tätig sind, durchaus leichter fallen.

Seifried (2021) spricht von der »schulpsychologischen Notwendigkeit, neutral beziehungsweise allparteilich, ergebnisoffen und kritisch-loyal zu beraten« (S. 403). Für systeminterne, möglicherweise sogar verbeamtete Supervisor:innen sehr herausfordernd werden die Klient:innenzentrierung auf der einen und die Loyalität gegenüber dem Dienstherren auf der anderen Seite vor allem dann, wenn sich die persönlichen Ziele der Klient:innen konträr zu denen des Systems entwickeln, dem die Supervisor:innen dienstlich verpflichtet sind.

Ein Lehrer wandte sich ratsuchend an den zuständigen Schulpsychologen. Als Seiteneinsteiger bewarb er sich vor einiger Zeit für den Schuldienst, wurde angenommen und nahm aktuell berufsbegleitend eine dienstherrenfinanzierte Nachqualifizierung in Anspruch. Aufgrund von dennoch weiterhin bestehenden Schwierigkeiten im schulischen Ablauf und im Umgang mit einigen Schüler:innen wurde er vom Schulleiter an die Schulpsychologie verwiesen. Im ersten Kennenlrngespräch beschrieb der Supervisand deutliche Differenzen zwischen seiner Idee von Schule und dem Verhalten der Schüler:innen und der schulischen Realität im Gesamten. Er wolle seine Arbeit gut machen und arbeite gerne mit bereitwilligen Schüler:innen. Gleichzeitig hing sein Herz noch immer am vorherigen Beruf. Es wachse in ihm der Wunsch, sich nebenbei mit einem kleinen Teil seiner Zeit wieder in seinem alten Beruf selbstständig zu machen. Seine Fokusfrage war: »Wie schaffe ich es, mich parallel zur schulischen Arbeit auf meine selbstständige Nebentätigkeit zu konzentrieren?« Da diese Frage nicht dem Ziel des Schulleiters entsprach, dass der Kollege sich leichter in schulische Abläufe fügen könne und auch seinen Umgang mit einigen Schüler:innen verändere, besprach der Supervisor diese Zielunterschiede in Absprache mit seinem Klienten zeitnah auch mit dem auftraggebenden Schulleiter. Dieser reagierte nicht unbedingt erfreut, aber hinnehmend in der Hoffnung, dass eine vielleicht wiedergewonnene Zufriedenheit und Erfüllung des Klienten durch diese Nebentätigkeit auch eine positive Wirkung auf seine schulische Arbeit hätten. Dies zeigte sich im Verlauf der Begleitung dann tatsächlich. Dennoch arbeitete der Pädagoge weiterhin nur in Teilzeit, was wiederum schulorganisatorische Maßnahmen zur Unterrichtsabsicherung nötig machte.

Zwischen den Erwartungen des Systems und den Wünschen der Supervisand:innen souverän zu beraten, macht eine ausführliche und transparente Auftragsklärung mit allen Beteiligten sowie Zwischen- und Abschlussevaluationen immens bedeutsam. Auch wenn man nicht immer einen konkreten Auftraggeber als Person benennen kann, ist der unsichtbare Dritte während der Auftragsklärung der Dienstherr selbst, dessen Perspektiven und Vorgaben ebenso eine Rolle in der Auftragsklärung spielen sollten. Externe Supervisor:innen beziehen bestenfalls auch die Perspektive des nicht anwesenden Vorgesetzten ein, haben jedoch vielleicht nicht immer die Tiefe des Wissens um Dienstvorgaben wie interne Berater:innen.

Vor allem, wenn die Adressat:innen der Beratungsleistung, also die Primärklient:innen (Schein, 2000), nicht immer die Erstkontakte herstellen oder aber die erstkontaktierten Berater:innen nicht immer auch die späteren Auftragnehmer:innen sind, benötigt es weitere intensive Auftragsklärungen mit allen Beteiligten:

In einem Kennenlerngespräch zwischen einer Schulpsychologin und einer Pädagogin stellt sich heraus, dass die Pädagogin als Mitglied eines Pädagog:innenteams aus eigenem Antrieb heraus Supervision für das Team und dessen neuen pädagogischen Leiter anfragen möchte. Aufgrund des Führungswechsels habe sich aus ihrer Sicht einiges an Rollenkonfusionen und Wertkonflikten in der täglichen Arbeit angestaut, was im Rahmen eines Supervisionsprozesses bearbeitet werden sollte. Allerdings hat die Pädagogin ihre Idee bisher weder mit dem neuen Leiter noch im Team direkt angesprochen. Sie wollte erst einmal bei der Beraterin »vorfühlen«. Da sich herausstellt, dass die Schulpsychologin aufgrund des Schulbesuchs eines ihrer Kinder selbst bereits in einer lebensweltlichen Beziehung zu dem neuen Teamleiter steht, erläutert sie zwar Möglichkeiten und Grenzen einer Supervision, und empfiehlt der Pädagogin, ihre Idee in der nächsten Dienstberatung des Teams anzusprechen. Allerdings macht sie ebenso transparent, dass sie die Supervision aufgrund der persönlichen Verstrickung nicht selbst übernehmen kann. Stattdessen benennt sie weitere supervisorisch ausgebildete Kolleg:innen des Schulpsychologischen Dienstes, die bei einer positiven Entscheidung des Leiters und des Teams angesprochen werden können.

Bei der speziellen Konstellation systeminterner Supervision hat die Arbeitgeberinstitution doppelte Verantwortung: als Dienstherrin der Supervisor:innen trägt sie die Verantwortung für die Qualität der internen Beratung, als Dienstherrin der Klient:innen trägt sie die Verantwortung für die Qualität der Arbeit der zu Beratenden. Am Beispiel des Schulpsychologischen Dienstes in Thüringen liegt dessen Fachaufsicht in der Hand des Ministeriums für Bildung, Jugend und Sport, und eine Ebene niedriger bei denjenigen Referatsleitungen der staatlichen Schulämter, die diese Funktion als Psycholog:innen innehaben. So lohnt es sich, dass auch interne Beratende von Zeit zu Zeit reflektieren, wer »eigentlich« Auftraggeber:in ist und wie der Basisauftrag lautet. Schon Berker schreibt 1994, dass sowohl interne als auch externe Supervisor:innen für gute Beratung die Aufgaben der jeweiligen Organisation prinzipiell akzeptieren und gleichzeitig die Spannung zwischen Autonomie und Abhängigkeit aufrechterhalten müssen.

Da interne Supervisor:innen auch nach Ende oder Abbruch von Supervisionsprozessen im System verbleiben und eventuell zu späteren Zeitpunkten leicht wieder angefragt werden können, können sie im System auf Dauer wirksamer sein als Externe. Andererseits laufen sie ab und an Gefahr, dass ihre beratenden Interventionen eher zu einer Qualitätskontrolle werden, wenn sich die Supervisor:innen zu sehr mit den Organisationszielen beziehungsweise denen ihres gemeinsamen Dienstherrn (also auch der jeweils aktuellen Bildungspolitik) identifizieren, und so selbst zu Zensurengeber:innen werden (siehe auch Berker, 1994). Eine wichtige Forderung an den Dienstherren der Schulpsychologie und an Arbeitgeber:innen interner Supervisor:innen bleibt demnach das Verständnis dafür, dass es neben der

Einhaltung der Schweigepflicht für die Beratenden eine relative Wahlfreiheit über die Annahme und Ausführung von Aufträgen als Supervisionsaufträgen geben muss. Für die Ratsuchenden muss es ebenso eine relative Freiheit geben – nicht unbedingt zu der Frage, ob Supervision in Anspruch genommen wird, sondern welche Berater:innen hierfür in Betracht gezogen werden.

Eine weitere Herausforderung systeminterner schulpsychologischer Supervision angegliedert an Schulämter besteht darin, dass sowohl Bürger:innen als auch Pädagog:innen das Amt oft als kontrollierende, entscheidende, Regeln anweisende Behörde beziehungsweise Machtinstanz sehen. Es ist zu vermuten, dass einige der potentiellen Ratsuchenden den Kontakt zu hier verorteten Berater:innen allein aufgrund ihrer dienstlichen Verortung und der zugeschriebenen Rollen nicht oder nur bei größter Notwendigkeit aufnehmen. Ängste vor der Nähe zur Aufsicht, eine befürchtete Nichteinhaltung der Schweigepflicht, allein ein Gesehen-Werden im Amt vor dem Büro der Schulpsychologie oder auch Zweifel bezüglich der Professionalität der Beratung mögen einige Gründe hierfür sein. Andere, teils von Vorgesetzten geschickte Klient:innen, kommen ebenso mit großer Zurückhaltung. Manchmal stellt sich im Erstkontakt heraus, dass sie keinesfalls eine prozessberatende »Hilfe zur Selbsthilfe« wünschen.

Einer Pädagogin wurde während des Personalgesprächs mit ihrer Leitung aufgrund großer Beschwerden ihrer Schüler:innen über sie empfohlen, sich durch den Schulpsychologischen Dienst in ihrem Lehrer:innenhandeln supervidieren zu lassen. Sie nahm tatsächlich zügig Kontakt zum Schulpsychologischen Dienst auf. Trotz mehrfacher Erläuterung des schulpsychologischen Beratungsspektrums sowie der Grenzen hielt sie an ihrem Wunsch fest, dass die Schulpsycholog:innen des Schulamtes ausschließlich die Führungskompetenz ihres Vorgesetzten »prüfen« sollten. Sie wurde mit diesem Anliegen mehrfach an den entsprechenden Aufsichtsreferenten als Dienstvorgesetzten der Schulleitung verwiesen. Ein reflexionsorientierter Beratungsprozess bezüglich ihrer eigenen Strategien im Umgang mit den Schüler:innen kam nicht zustande.

Im Gegensatz zu intern Beratenden haben extern Beratende den Vorteil, dass sie vom System als »Umwelt« wahrgenommen werden und die Ratsuchenden sich eher auf die »Eigenheiten« der Externen einlassen. Von internen Supervisorinnen wird unserer Erfahrung nach eher erwartet, dass sie sich auf die Organisation, also die konkrete Schule oder das Team, einstellen und nicht umgekehrt.

Nach einer Einladung zur Fallsupervision eines pädagogischen Teams an die zuständige Schulpsychologin wandte sich eine Pädagogin des Teams an die Vorgesetzte der Schulpsychologin mit der Frage, ob die Schule gegebenenfalls einen weiteren Schulpsychologen zugeordnet bekommen könnte. Auf die Rückfrage, welche Gedanken Hintergrund dieser Frage seien, schilderte die Pädagogin ihre Vermutung, dass die Schulpsychologin möglicherweise zu viele Fälle hätte, da sie nie wieder von sich aus in der Schule angerufen hätte, um nachzufragen, wie sich der Fall entwickelt habe, und wie sie noch dienlich sein könne. Diese Art der anlasslos aufsuchenden Beratung jedoch ist in der Beratungsstruktur der Schulpsychologischen Dienste nicht vorgesehen.

Ein ressourcenbedingter Nachteil ist die regionale Zuordnung von Schulpsycholog:innen zu einer bestimmten Menge an Schulen. Sie gewährleistet zwar jeder Schule konkrete Ansprechpartner:innen und das Wachsen eines Vertrauensverhältnisses zwischen Berater:innen und Schulen. Gleichwohl schränkt sie die freie Berater:innenwahl, die auf dem freiberuflichen Beratungsmarkt klarer umgesetzt wäre, erheblich ein, was im Feld von Supervision wiederum auch nachteilig wirken kann.

3.3.3 Personelle Ressourcenlage

Ein weiterer Vorteil schulpsychologischer Supervision ist, dass es gerade in großen Gruppen oder auch großen Kollegien entlastend für die Beratenden und qualitativ hochwertiger für die Teilnehmenden sein kann, als Berater:innentandem zu arbeiten. Da Schulpsychologie vielerorts in Teams strukturiert ist, ist ein solches Tandem bei vorhandener supervisorischer Kompetenz und freien Terminen recht unkompliziert zusammenstellbar und ohne höhere Kosten für die Schulen verknüpft. Vor allem bei längeren und herausfordernden Beratungsprozessen mit ganzen Schulen können Berater:innentandems zudem in der gemeinsamen Vorbereitung und Reflexion Themen aus der unterschiedlichen professionellen Distanz betrachten und analysieren, implizite Erwartungen an die Beratung aufdecken, Zuschreibungen identifizieren und die Supervisand:innen in ihrer Unterschiedlichkeit ebenso differenziert ansprechen. Genauso funktioniert dies sicher mit gut eingespielten externen Tandems oder einer Mischung aus extern und intern, ist jedoch für Schulen mit einer anderen finanziellen Klärung verbunden.

Nach einem Führungswechsel an einer großen weiterführenden Schule erbat die Leitung anlassbezogen nach einem besonderen Vorkommnis mit einer suizidalen und depressiven Schülerin im Schulpsychologischen Dienst Beratung für die Pädagog:innen. Im Prozess entwickelte sich der Wunsch innerhalb des Kollegiums, weiterführend auch die Kommunikation der Kolleg:innen untereinander und mit der Leitung zu reflektieren. Aufgrund des sehr großen Kollegiums und des Wunsches, alle Pädagog:innen in diesen Prozess einzubeziehen, bot das Team der Schulpsychologie an, zwei supervisorisch ausgebildete Berater:innen als Tandem für die Schule aufzustellen. Der Supervisionsprozess zog sich über zwei Schuljahre hin und schloß mit einem gemeinsamen pädagogischen Tag des gesamten Kollegiums an einem unterrichtsfreien Tag. Im Anschluss wurde nach einer neuen Auftragsklärung eine Supervision für eine kleinere Gruppe aus dem Kollegium, die mehr schülerbezogene Themen bearbeitete, vereinbart.

Ein Nachteil systeminterner Supervision durch Schulpsychologie ist auch ressourcenbedingt: Viele Schulpsycholog:innen sind aufgrund der personellen Ausstattung in den Bundesländern an den Schulen, denen sie zugeordnet sind, sehr unterschiedlich oft beraterisch tätig. In Thüringen beispielsweise betreut eine Fachkraft aktuell im Schnitt

16 bis 22 staatliche Schulen mit entsprechend vielen Pädagog:innen und Schüler:innen. Vormals schulpsychologische Aufgabengebiete werden zwar durch andere Professionen oft sehr gut abgedeckt, zum Beispiel die Teilleistungsdiagnostik durch Sonderpädagog:innen oder die Schüler:innenberatung durch Schulsozialarbeit. Jedoch empfahl die Kultusministerkonferenz (KMK) bereits 1973 einen Schlüssel von einer Vollzeitstelle Schulpsychologie pro 5000 Schüler:innen. Diese Zahl, die Expert:innen längst als zu gering einschätzen, wird aktuell von kaum einem Bundesland erreicht (Drewes u. Seifried, 2021). Insofern ist es sinnvoll, die geforderte Supervision im Schulbereich flächendeckend weiterhin sowohl durch interne als auch externe Berater:innen zu denken, und einerseits entsprechende personelle Ressourcen zu erhalten beziehungsweise zu schaffen, und andererseits Honorarbudgets einzuplanen.

3.3.4 Finanzielle Ressourcenlage

Durch die schon erwähnte strukturelle Anbindung der Schulpsychologie im Bildungssystem der Länder scheint der geschäftlich-formale Rahmen für supervisorische Beratung klar: Schulpsychologische Supervisor:innen stellen ihre dienstliche Arbeitszeit für die Beratung von Pädagog:innen zur Verfügung und sind an ihre Tätigkeitsbeschreibungen sowie die jeweiligen schulsystemeigenen Vorgaben und Regelungen gebunden. Vertragspartner:innen, Rechte und Pflichten sowie eine Honorarregelung müssen demnach nicht gesondert in einem gemeinsamen Vertrag mit den Schulleitungen oder den Klient:innen geregelt werden. Auch interne Gebührenordnungen existieren unserem Wissen nach nicht. Somit entsteht allerdings auch kein symmetrischer Beziehungsanteil im Sinne einer Geschäftspartnerschaft (siehe auch Rappe-Giesecke, 2009).

Oftmals kommt es vor, dass Pädagog:innen Schulpsycholog:innen nach Workshops oder Beratungen ansprechen und erfragen, welches Honorar sie für schulinterne Veranstaltungen oder Supervision ansetzen müssten. Die Schulpsycholog:innen wiederum erklären dann, dass sie im Dienst des Landes für Pädagog:innen, Eltern und Schüler:innen kostenfrei zur Verfügung stehen. Allerdings ist diese Frage auf den zweiten Blick nicht trivial: Während externe Supervisor:innen ihre Stundensätze unter anderem daran festmachen, in welchen Arbeitsfeldern sie agieren (finanzstarkes Wirtschaftsunternehmen vs. kleines Ehrenamtsteam), wie groß das Team oder wie umfangreich der Auftrag ist, wo die Beratung stattfinden soll (eigene zu finanzierende Räume vs. Fahrtzeiten und -kosten etc.) und wie herausfordernd und dringlich die Ausgangslage vielleicht sein mag (Anforderungen, geschätzte Dauer, nötiges Material), welche Ausgaben sie haben (Büromiete, Versicherung etc.) und ob sie gegenebenfalls in der betreffenden Zeit eigentlich andere Tätigkeiten lieber verrichten würden, müssen interne Supervisor:innen dies nicht unbedingt abwägen. Natürlich finanziert der Arbeitgeber, im Fall der Schulpsychologie das jeweilige Bundesland oder die Kommunen, nicht unerhebliche Gehälter der intern Beratenden und zudem die Dienststellenmiete, Arbeitsmaterialien, Reisekosten, Versicherungsbeitragsanteile etc. Für die Klient:innen direkt besteht jedoch eine Kostenfreiheit, die potentiell Fragen aufwerfen kann: »Ist diese Beratung tatsächlich etwas wert?« (Salomonson, 2017), oder vielleicht auch: »Wie qualifiziert kann jemand sein, der mich nichts kostet?« Bei interner Beratung, die ohnehin zum System dazugehört und gefühlt immer verfügbar ist, ist es möglicherweise manchmal für Klient:innen leichter, Terminvereinbarungen unverbindlicher zu sehen oder in einer Servicehaltung erst einmal abzuwarten, was die Schulpsychologie »bieten kann«. Auch vorgesetzte Schulleitungen haben vielleicht nicht unbedingt den wachenden Blick über Anwesenheit und nachhaltigen Nutzen der Supervision, wenn sie nicht gleichzeitig auch Honorarrechnungen begleichen müssen. Andererseits kann man, positiv gesehen, vielleicht freizügiger auch häufigere Termine anberaumen – ohne Sorge um ein nicht ausreichendes Budget.

Grundsätzlich lohnt es sich für Auftraggeber:innen, Klient:innen und Supervisor:innen die Frage zu stellen, welchen qualitativen Mehrwert die Supervision den Klient:innen bietet. Und ebenso klar könnten interne Supervisor:innen darlegen, welche vergleichbaren

Honorarnoten externe Kolleg:innen ansetzen würden, um ein Verständnis für den quantitativen Wert der Beratung zu fördern. Auch hier ist unserer Erfahrung nach wieder eine sehr professionelle Auftragsklärung wichtig, die die Faktoren Verbindlichkeit und Eigenverantwortung auf Klient:innenseite und den geschätzten finanziellen Gegenwert sowie zugrundeliegende Qualitäten im Sinne von Kompetenzen und Erfahrungen der internen Supervisor:innen sowie der Wirksamkeit des Beratungsformates betrachtet. Sehr selten wird ein gemeinsamer Kontrakt zwischen internen Schulpsycholog:innen und Schulleitungen oder Klient:innen schriftlich fixiert. Dennoch bleibt es wichtig, ausreichend Zeit und Kommunikation in die Entwicklung eines gemeinsamen Arbeitsbündnisses und in die Klärung der Rollen und Aufgaben zu investieren, um die bestehenden Asymmetrien im Beratungssystem ausbalancieren zu können.

3.4 Qualitätssicherung systeminterner Supervision

Viele Mitarbeitende bleiben mit der Option der Verbeamtung in der Schulpsychologie und zumeist auch in derselben Zuständigkeitsregion fest verankert. Um einer möglichen Betriebsblindheit oder Rollenkonfusionen durch langjährige Arbeitsbeziehungen vorzubeugen beziehungsweise der Falle selbstgestellter Aufträge zu entgehen, muss einem Wunsch nach flächendeckend eingeführter, interner Supervision im System Schule auch die Ermöglichung von dienstlicher Team- und Kontrollsupervision folgen. Auf der Teamebene der Schulpsychologischen Dienste ist es erfahrungsgemäß ebenso sehr bedeutsam, gemeinsame Standards der Beratung, der Annahme von Aufträgen, der Abgabe von Aufträgen an Kolleg:innen, der Arbeit im Tandem bei größeren Aufträgen etc. regelmäßig wieder zu besprechen und diese auch zu »pflegen«.

Eine Hortkoordinatorin meldete sich bei der für ihre Schule zuständigen Schulpsychologin und bat um Unterstützung. In der Einzelsupervision kristallisierten sich Themen der Führung und Themen des Miteinanders im Team heraus. Es kam zu einem zusätzlichen Auftrag: Supervision für das Team. Nach gemeinsamer Abwägung wurde der Auftrag »Teamsupervision« an eine Kollegin aus dem Schulpsychologieteam übergeben. Diese Kollegin kannte weder die Vorgeschichte des Teams oder der Schule noch hatte sie bisher in der Region und dem regionalen Netzwerk gearbeitet. Sie fühlte sich frei, alle Fragen zu stellen, die für sie in der Auftragsklärung und auch beim Kennenlernen des Hortteams notwendig waren, und konnte auch (mitunter zu große) Erwartungen an die Supervision gleich zu Beginn relativieren. Es gab keine Rollendopplungen oder gemeinsamen Vorerfahrungen, sodass die Gestaltung des Supervisionsprozesses von allen drei Seiten (Auftraggeberin, Supervisanden und Supervisorin) als gewinnbringend empfunden wurde.

Sowohl das Berufsprofil der Schulpsychologie als auch die erwähnten Leitbilder betonen, dass sich die beraterische Arbeit für Schulen grundsätzlich den wissenschaftlichen Erkenntnissen verpflichtet und die Mitarbeitenden aktuelle Forschungsergebnisse in ihre Arbeit einbinden. Durch den Stellenausbau der Schulpsychologie in vielen Bundesländern in den letzten Jahren ist die Vielfalt in den Berater:innenteams gestiegen, sodass sich erfahrene und neu eingestiegene Kolleg:innen gewinnbringend ergänzen können. Die stetige eigene Fort- und Weiterbildung sowie die Kooperation mit Universitäten im Rahmen von Projekten oder gar gemeinsamen Kompetenzzentren (z. B. Kompetenzzentrum Schulpsychologie Hessen an der Goethe-Universität Frankfurt a. M.) sichert beraterische Qualität. Die Begleitung praxisorientierter Masterarbeiten oder die Betreuung von Praktikant:innen im Schulpsychologischen Dienst dienen den Berater:innen auch als Reflexionsfläche der eigenen Arbeit.

Da fachwissenschaftliche Kriterien zur Qualitätsmessung Schulpsychologischer Beratung bisher fehlten, begann der Schulpsychologische Dienst in Ostthüringen vor einigen Jahren damit, in Kooperation mit der Friedrich-Schiller-Universität Jena erste eigene Studien zu initiieren. Eine Auswahl der entstandenen Arbeiten formuliert Qualitätskriterien Schulpsychologischer Beratung, evaluiert die beraterische Arbeit in der Region und gibt den Beratenden ein Instrument für das direkte Feedback durch ihre Klient:innen an die Hand (Ptak, 2016; Wurst u. Grünewald, 2019; Grünewald, 2020; Wurst, 2021; Reimers, 2021). Mit einem spezifischen Blick auf das Beratungsformat Supervision im schulischen System könnten weitere Forschungsarbeiten entstehen, die – so unsere Hoffnung – die Wirksamkeit dieses Angebotes aufzeigen. Anregungen finden sich zum Beispiel in der umfassenden Studie von Jugert (1998), die eindeutig die Wirksamkeit schulischer Supervision bis hin zur Ebene der Schüler:innenwahrnehmung nachweist, sowie bei Denner (2000), Erbring (2007), Schweizer (2008) und Jetzschke (2018).

Zu einem Implementierungskonzept für schulpsychologische Supervision gehören neben diesen Qualitässicherungsstrategien die Prüfung bestehender Berufs- und Aufgabenprofile, gegebenenfalls die Auflösung regionaler Zuständigkeiten zugunsten freier Berater:innenwahl und die Erhöhung des Bekanntheitsgrades von Supervision an der Schule. Hiermit beschäftigt sich das folgende Kapitel.

4 Erhöhung des Bekanntheitsgrades von Supervision an Schulen

Eine sehr zentralisierte systeminterne Supervision oder aber auch eine gänzlich externe Supervision erschweren den Zugang für Klient:innen, die psychische Distanz ist größer, der für Erstkontakte nötige Vertrauensvorschuss ist geringer (Jötten, 2007). Rauschenberger und Aringer (2023) betonen ebenso, dass neben hohen Qualifikationsstandards der Beratenden ein durch den Dienstherrn beziehungsweise das jeweilige Ministerium unterstütztes, leicht zugängliches und niederschwelliges Supervisionsangebot ohne finanzielle Hürden für die Teilnehmenden essenziell sei.

Dennoch wird auch in der Schulpsychologie die reflexions- und entwicklungsorientierte Beratung von Pädagog:innen und schulischen Führungskräften unter den aktuellen Bedingungen im Bildungssystem nur selten direkt nachgefragt (Kotkamp, 2012), sodass es sinnvoll ist, dieses Angebot zu erklären und stetig zu bewerben. »Schnupperangebote« und Besuche bei Arbeitsberatungen, Einladungen zum Ausprobieren, informative Webseiten, Flyer, fachliche Newsletter, Auftritte in Social Media bis hin zu unserem Schulpsychologie-Podcast »Redelust und Schweigepflicht« sind beispielsweise Teil unserer schulpsychologischen Arbeit geworden, um das Beratungsformat Supervision bekannter zu machen. Diese Informationsstrategien ahneln denen externer Berater:innen mit dem kleinen Vorteil, dass zu vielen der anvisierten schulischen Führungskräfte und Kollegien bereits eine persönliche Bekanntschaft existiert, welche wiederum eine gezieltere Ansprache erleichtert.

Mit dem Bewerben und Anbieten von Supervision sollte bestenfalls schon zu Beginn des Referendariates oder im Studium begonnen werden (Rauschenberger u. Aringer, 2023). Unsere Erfahrung ist, dass junge Anwärter:innen heute unter anderem auch durch gezielte Strategien der Studienseminare wesentlich reflexionsorientierter und reflexionserfahrener sind. Dem Berufseinstieg kommt berufsbiografisch eine besondere Rolle zu, in der sich die berufliche Identität prägt und Supervision metaphorisch »Überlebenshilfe« leisten kann. Ähnlich unserer Held:innenmetapher spricht beispielsweise auch Huberman (1991) hier die Phasen des Überlebens und Entdeckens an, in denen sich hohe Ansprüche an sich selbst und die Erwartung anderer, endlich eine vollwertige Lehrkraft zu sein, aufschaukeln können. In dieser Zeit Beratung in Anspruch nehmen zu können, die wirksam und hilfreich ist, könnte die Wahrscheinlichkeit erhöhen, auch in späteren Jahren Supervision zu nutzen und ein professionelles Reflexionsniveau im schulischen System zu erhalten.

Auch zum Zeitpunkt der Übernahme jeder neuen Funktion, beispielsweise als Klassenleitung, Beratungs- oder Vertrauenslehrer:in, Verantwortliche:r für Ausbildung, Führungskraft etc. ist es sinnvoll, standardmäßig begleitend Supervision anzubieten. An diesen beruflichen Punkten sind Unsicherheit und Neugier sowie die Offenheit für Erfahrung groß, und die Wirkung von reflexionsorientierter Beratung eventuell intensiver als nach vielen Dienstjahren und lange gewohnten Handlungsstrategien (siehe auch Schweizer, 2008). Natürlich sollte die im Einstieg bestenfalls schon erlernte Reflexivität durch weiterführende Angebote erhalten und weiter gefördert werden.

Um aktuell erfahrene Pädagog:innen ohne bisherige Supervision zu erreichen, sind erfahrungsgemäß direkte Erstkontakte in Fortbildungen oder Workshops mit hohem Reflexionsanteil hilfreicher. Viele dienstältere Pädagog:innen haben eine Idee von Schulpsychologie und Beratung, die derjenigen vor dem Heyse'schen Paradigmenwechsel als Diagnostiker:innen für Schüler:innen ähnelt, oder befürchten, selbst als krank oder unprofessionell bewertet und anschließend therapiert zu werden. Wirksam verändern lassen sich diese Bilder durch positive eigene Erfahrungen oder Empfehlungen von Kolleg:innen.

Eine weitere bewährte Strategie ist, zielgruppenspezifische Supervisionsangebote mit den jeweiligen Dienstvorgesetzten im Schulamt abzustimmen und vorformulierte Einladungen über diese an die jeweiligen Zielgruppen versenden zu lassen. Mit den Vorgesetzten im Amt besteht in der Regel eine verlässliche Informationsebene, die Angebote lassen sich gemeinsam passender planen, werden fokussierter gelesen und erfahrungsgemäß häufiger angenommen.

In einem schulpsychologischen Subteam entstand aufgrund mehrerer Einzelfallanfragen von Schulen die Hypothese, dass neu eingesetzte Hortkoordinator:innen und junge Grundschulleitungen sich manchmal schwer tun, ein gemeinsames und wirksames Führungskonzept für sehr heterogene Erzieher:innenteams zu entwickeln. Diese Wahrnehmung diskutierte das Berater:innenteam mit dem dienstvorgesetzten Grundschulreferat und man kam zu dem Ergebnis, dass drei Supervisionsangebote auf eine gesamte Region zugeschnitten werden sollten: ein supervisorisches Gruppenangebot für Hortkoordinator:innen, die seit zwei bis fünf Jahren diese Funktion »neu« übernommen haben, eine begleitende »Survivalberatung« als Gruppensupervision für Hortkoordinator:innen, die gerade neu in diese Funktion kommen, und ein individuelles schulbezogenes Supervisionsangebot für Führungsteams, die an ihrem gemeinsamen Führungskonzept arbeiten möchten. In kurzer Zeit füllten sich beide Gruppen mit jeweils 18 bis 20 Interessent:innen und von weiteren vier Schulen wurden individuelle Begleitungen erbeten.

Es scheint, dass offene Gruppenangebote eher supervisionsunerfahrene Interessent:innen ansprechen (siehe auch Joswig, 2001). Gute erste Erfahrungen in diesen Gruppen ebnen den Weg für diejenigen Momente, in denen dieselben Klient:innen sich bei höherem Leidensdruck möglicherweise um Einzelsupervision bemühen werden.

Weiterhin bedeutsam für eine Annahme supervisorischer Angebote sind passende Rahmenbedingungen:
- eine verbindliche Anwesenheitszeit in der Schule,
- Anrechnungsmöglichkeiten der Teilnahme auf die wöchentliche Pflichtstundenanzahl der Lehrkräfte (siehe auch Jetzschke, 2018),

- eine strukturelle Verankerung des Beratungsangebotes in der schulischen Dienstzeit, zum Beispiel ein wöchentlicher Wechsel von gleichen Zeiten für Arbeitsberatungen der Schulleitung und Supervisionsrunden,
- schnelle und flexible Terminvereinbarungen der Supervisor:innen passend zum Schuljahres- und Wochenrhythmus der Schulen,
- für Beratung angemessene Räumlichkeiten,
- hochwertige Beratungsmaterialien.

Als supervisorisch arbeitende Schulpsycholog:innen sind wir uns im Klaren, dass nicht die gesamte Gesellschaft oder das Schulsystem unser Klient:innensystem sein kann, und dass allein schon die emotionale Entlastung von Ratsuchenden einen Erfolg unserer Arbeit bedeutet. Aus der Perspektive eines fest verankerten internen Berater:innensystems heraus glauben wir jedoch daran, dass eine tiefgreifendere und nachhaltige Wirkung auf das System Schule durch Supervision möglich ist. Mit einem kleinen Ausblick hierauf beschäftigen sich die nachfolgenden Kapitel.

# 5 Zukunftsthemen für gutes Lehren und Lernen an Schulen und ihre Verbindung zum Format Supervision

Supervision kann an Schulen einen Ort der Distanz zum Arbeitsalltag schaffen und Arbeitsprozesse unterbrechen, um Selbstreflexion, soziale und institutionelle Reflexion anzuleiten. Wie das Zitat unserer Supervisandin zu Beginn des Buches zeigt, kann Supervision für Pädagog:innen dringend benötigte »Held:innenkräfte« im Schulsystem des 21. Jahrhunderts kultivieren helfen. Mietz (2000) beschreibt treffend, dass Supervision als ein für Schulen noch »fremdes Ereignis« (S. 429) viel dazu beisteuern kann, eine Lernumgebung auch für Pädagog:innen zu schaffen (Erbring, 2009), und Schule bestenfalls zur lernenden Organisation werden kann (siehe auch Joswig, 2001; Senge, 2021).

Die Schule als zweitwichtigste Sozialisationsinstanz junger Menschen sollte fortlaufend parallel zu gesellschaftlichen und kulturellen Entwicklungen eine Selbstverständnisklärung vornehmen. Mit Blick in die Zukunft können Supervisand:innen aus dem Feld Schule auch durch Supervision Impulsgeber:innen und Träger:innen dringend nötiger Transformationsprozesse an Schulen sein. So fördert Supervision parallel zur Entlastung in Einstiegsprozessen und zur Professionalisierung von Lehrkräften auch Schulentwicklung und Transformation durch (Blendinger u. Tober, 2015):

▸ eine konstruktive Verantwortungsunterstellung gegenüber den Supervisand:innen,
▸ das Annehmen »des Anderen« und das Einfühlen in nicht geteilte Werte,
▸ das Aufzeigen systemischer Konsequenzen von Handlungen,
▸ die Gelegenheit zur Verlangsamung und Übung sowie

▶ das gemeinsame Entwickeln und Erproben überraschender Lösungen (siehe auch Mietz, 2000).

Nach Goleman und Senge (2014) muss schulisches Lernen zukünftig mit dem Ziel geschehen, die systemischen Konsequenzen menschlichen Handelns auf globaler Ebene zu verstehen. Was würde besser passen, als schulisches Lehren und Lernen aus Sicht der auch in Supervision oft genutzten vier Faktoren der Themenzentrierten Interaktion zu betrachten (Cohn, 1975; Ewert, 2008; Tscheke, 2013) und nach aktuellen beziehungsweise zukünftigen Schwerpunkten zu konkretisieren (siehe Abbildung 4)? Hierbei sind die handelnden Einzelpersonen, seien es Pädagog:innen, Schüler:innen oder Eltern mit all ihren Eigenschaften, Werten, Gefühlen, Gedanken und ihren Kompetenzen sowie ihrem Verhalten einerseits (Ich; siehe Abbildung 4 auf der folgenden Seite) in einem Beziehungsgefüge mit allen anderen an Schule Beteiligten (Gruppe) andererseits. Hier werden Sozialkompetenzen und Phänomene wie Gruppenkohäsion und -dynamik relevant. Das jeweilige »Ich« und die jeweilige Gruppe beziehen sich auf gemeinsame Aufgaben und Themen beziehungsweise in der Schule noch klarer auf Fach- und methodische Kompetenzen (Thema), und sind als Triade eingebettet in ein Umfeld mit organisatorischen, strukturellen, sozialen, politischen, wirtschaftlichen, ökologischen und ökonomischen Merkmalen (Globe). Dieses Umfeld ist in Zeiten der Globalisierung, des weltweiten Klimawandels, der aktuellen politischen Krisenherde und kontinenteübergreifender Migrationsbewegungen nicht mehr nur kommunal oder landesbezogen betrachtbar. Das Umfeld, also der »Globe« beeinflussen die Triade, während diese gleichzeitig vom Umfeld beeinflusst wird.

Die 193 Mitgliedsstaaten der Vereinten Nationen und ihre Sonderorganisation für Bildung, Wissenschaft und Kultur, die UNESCO, formulierten in der Agenda 2030 die weltweit akzeptierten Ziele nachhaltiger Entwicklung (UN, 2015). Unter anderem soll im Bereich der Bildungsqualität sichergestellt werden, dass alle Lernenden das Wissen und die Fähigkeiten erwerben, die zur Förderung einer nach-

Diagram content:

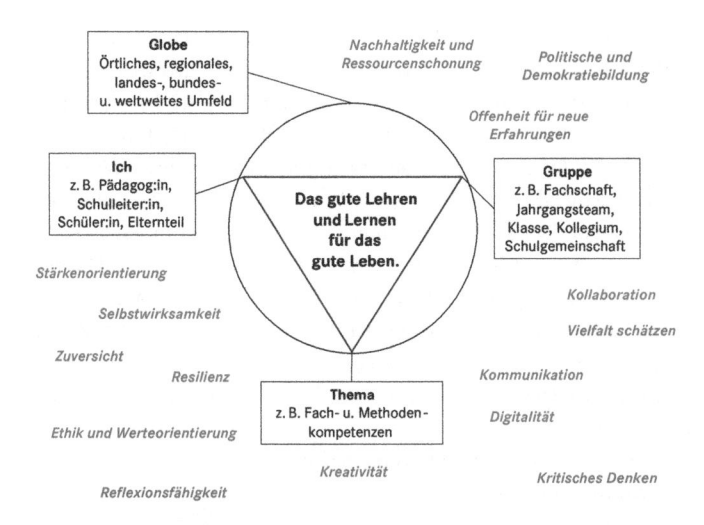

- Globe: Örtliches, regionales, landes-, bundes- u. weltweites Umfeld
- Nachhaltigkeit und Ressourcenschonung
- Politische und Demokratiebildung
- Offenheit für neue Erfahrungen
- Ich: z. B. Pädagog:in, Schulleiter:in, Schüler:in, Elternteil
- Das gute Lehren und Lernen für das gute Leben.
- Gruppe: z. B. Fachschaft, Jahrgangsteam, Klasse, Kollegium, Schulgemeinschaft
- Stärkenorientierung
- Selbstwirksamkeit
- Kollaboration
- Vielfalt schätzen
- Zuversicht
- Resilienz
- Kommunikation
- Thema: z. B. Fach- u. Methodenkompetenzen
- Digitalität
- Ethik und Werteorientierung
- Kreativität
- Kritisches Denken
- Reflexionsfähigkeit

Abbildung 4: Einflussfaktoren auf gutes Lehren und Lernen nach der Themenzentrierten Interaktion (nach Cohn, 1975)

haltigen Entwicklung nötig sind. Schwerpunkte dieser Bildung sind nachhaltige Lebensstile, Menschenrechte, Geschlechtergleichheit, Frieden und Gewaltlosigkeit sowie die Wertschätzung der kulturellen Vielfalt. Das Bundesministerium für Bildung und Forschung (BMBF, 2023) schreibt dazu, gute Bildung gehe über reines Faktenwissen hinaus und ermögliche vor allem, folgende Fähigkeiten zu entwickeln:

▶ vorausschauendes Denken,
▶ interdisziplinäres Wissen,
▶ autonomes Handeln,
▶ Partizipation an gesellschaftlichen Entscheidungsprozessen.

Der Forscher und Bildungsdirektor der Organisation für Wirtschaftliche Zusammenarbeit und Entwicklung (OECD) Schleicher (2023) kritisiert an deutschen Schulen, dass noch immer zu viel Wert auf die Reproduktion vorgefertigter Antworten gelegt werde. Schulen, die

Schüler:innen auf die Zukunft vorbereiten, sollten stattdessen die dahinter liegenden Fragen vermitteln. In Zeiten von großer Digitalität und künstlicher Intelligenz komme es wesentlich stärker darauf an, vermeintliches Wissen beziehungsweise Informationen und Inhalte kritisch in Frage zu stellen und sach- und fachgerecht zu bewerten. Die »Partnership for 21st Century Learning« (P21), ein Zusammenschluss von Wirtschaftsführern und Bildungsexpert:innen (Battelle for Kids, 2019), stellte als Rahmenmodell wichtige schulische Themen, Fächer und nötige Kompetenzen für das 21. Jahrhundert aus Sicht der P21-Partner auf. Aus diesem eigentlich sehr differenzierten Modell bekannt geworden sind lediglich die vier Lern- und Innovationskompetenzen, auch bekannt als das »4C«- beziehungsweise »4K-Modell«:

▸ Kreativität und Innovation,
▸ kritisches Denken und Problemlösung,
▸ Kommunikation,
▸ Zusammenarbeit.

Es benötigt keinen Zukunftsforscher mehr, um zu sehen, dass die Digitalität und die wachsende Nutzung künstlicher Intelligenz noch schneller dazu führen werden, dass reiner Wissenserwerb in der Schule weiter an Bedeutung verliert. Nach dem Erlernen der Kulturtechniken Lesen, Schreiben und Rechnen muss viel eher der Kern des Menschseins vermittelt werden – durch säkulare Ethik, humanistische Wertevermittlung und ein Training der Reflexionsfähigkeit. Pädagoge und Bildungsinfluencer Blume (2023) bringt die nötige didaktische Veränderung pädagogischer Arbeit in seinem Podcast auf den Punkt, wenn er sagt, dass der Aneignungsprozess, das gemeinsame Experimentieren und Diskutieren, das Ausprobieren und Vertiefen ins Zentrum des Lernens gerückt werden müssten. Supervision trainiert hierfür die Reflexionsfähigkeit der Pädagog:innen (Ewert, 2008; Tscheke, 2013).

Die Krise der staatlichen Versorgungsordnung im schulischen System zeigt sich in vielen Einrichtungen durch fehlendes aktives Personal und zu wenige Lehramtsabsolvent:innen. Eine Entwicklung, die Mut macht, ist, dass das System Schule der Diversität der Schüler:innenschaft durch immer vielfältigere Mitarbeitende aus verschiedenen Professionen und mit vielfältigen kulturellen, religiösen und geschlechtlichen Orientierungen zunehmend besser Respekt zollen kann. Der Umgang mit Themen wie sozialem Status, kultureller und religiöser Herkunft, Mehrsprachigkeit sowie sexueller und geschlechtlicher Orientierung benötigt an Schulen mehr Aufmerksamkeit und die Entwicklung einer stärkeren Habitussensibilität der Pädagog:innen (Jetzschke, 2018; Rutter u. Weitkämper, 2022; nach Bourdieu, 1988). Lehrkräfte müssen sich mit ihrer sozialen Herkunft auseinandersetzen und sich die Möglichkeiten und Grenzen des eigenen Fühlens, Denkens und Handelns bewusst machen. Um Bildungsgerechtigkeit zu fördern, sollten sie in der Lage sein, sich in den sozialen Raum und die entsprechende Grundhaltung ihrer Schüler:innen und deren Familien hineinzuversetzen. Dies gilt umso mehr, wenn das eigene Milieu dem der Schüler:innen sehr fremd ist. Auch dieses Themenfeld bearbeitet Supervision.

Lehrkräfte haben dabei in der Regel ein hohes Bewusstsein für soziale Ungleichheit, sehen sich selbst jedoch nicht immer als Teil ungleichheitsrelevanter Praktiken. Eine Grundkompetenz ist, zu sich selbst in Distanz zu gehen, das eigene Verhalten reflektieren zu können und der eigenen Perspektive mit einer gewissen Skepsis zu begegnen. Neben einer fehlerfreundlichen Haltung in jeder Lehrkraft muss diese Habitussensibilität jedoch, um wirksam zu sein, schulkulturell verankert sein und bildungspolitisch unterstützt werden. Joswig (2001) formuliert treffend, dass Lehrkräfte, die andere zum selbstverantwortlichen Denken, Fühlen und Handeln erziehen möchten, sich selbst zunächst kritisch in Frage stellen müssen. Beljan (2017) erörtert, dass – für das Lernen ganz im Sinne der Resonanzpädagogik – entscheidend sein werde, wie Pädagogik es schaffen könne, zu begeistern, Neugier zu wecken und resonante Beziehungen herzustellen. Die so entstehende Resonanz zwischen Lehrenden und Lernenden sei für die Erhaltung der Demokratiefähigkeit der Gesellschaft in Distanzierung zu einer reinen Leistungsorientierung und starken Entfremdungstendenzen dringend nötig.

Ben Furman, der bekannte finnische Experte lösungsfokussierter Beratung, erzählte während eines europäischen Austauschbesuchs in Helsinki 2022, er träume ganz pragmatisch davon, dass sich Pädagog:innen, Schüler:innen und Eltern gemeinsam in ihren Schulen begegneten und durch konstruktive Zusammenarbeit miteinander lernten – gleichberechtigt, auf der Basis wechselseitiger Rückmeldungen, mit ihren jeweils spezifischen Perspektiven und Rollen. Von dieser Idee und den beschriebenen Entwicklungsnotwendigkeiten von Schulen infiziert, würden wir Supervision an Schulen gerne zu multiperspektivischen, schulentwicklungsfokussierten Zirkeln weiterentwickeln, in denen Pädagog:innen, Schüler:innen und Eltern das Lehren und Lernen in ihren Schulen, begleitet durch Supervisor:innen, reflektieren und, wo nötig, anschließend transformieren.

Bestenfalls kann Supervision als reflexionsorientierte, arbeitsweltliche Beratung nicht nur für Pädagog:innen hilfreich und wirksam sein, sondern langfristig sogar auch den Schulbesuch für die Schüler:innen positiver gestalten. Als schulsystemintern Beratende wissen wir vielleicht eher als Externe, dass Wertschätzung, Ermutigung und gemeinsame Lösungssuche im Schulalltag dringend benötigt werden. Supervision kann in einem sehr belasteten System ermutigen, aufbauen, wahrnehmen lassen, Zuversicht und Hoffnung fördern. Außerdem kann sie die Klient:innen nach diesem manchmal dringend notwendigen Herstellen einer Komfortzone dabei begleiten, diese wieder zu verlassen, um supervisorisch herauszufordern, in Frage zu stellen, (berufs-)biografisch einzuordnen oder nächste Handlungsschritte zu entwickeln. Als Schulpsycholog:innen begleitet uns die Hoffnung, dass ein kleiner Teil dieser Arbeit auch bei den Schüler:innen ankommt und ihnen hilft, eine gute Schulzeit zu erleben.

Wir wünschen uns schulische Entscheidungsträger:innen, die unterstützen, dass sich das Potenzial des Beratungsformats Supervision entfalten kann. Wir wünschen uns Supervisor:innen, die beherzt und qualifiziert Lehrkräfte und Professionelle des schulischen Systems in Reflexion bringen. Wir laden im Schulsystem Arbeitende ein, sich auf das Abenteuer Supervision einzulassen und eigene Held:innenkräfte zu entdecken und zu fördern (siehe Abbildung 5 auf der folgenden Seite). Wir wären begeistert, wenn die Wirkung dieses Beratungsformates dazu beitragen würde, ein gutes, gemeinsames und nachhaltiges Lernen für Schüler:innen zu ermöglichen.

Abbildung 5: »Held:innenkräfte kultivieren« aus der Sicht eines Neunjährigen (Farin Munk, 2023)

Literatur

Bauer, J., Unterbrink, T., Zimmermann, L. (2007). Gesundheitsprophylaxe für Lehrkräfte. Manual für Lehrer-Coachinggruppen nach dem Freiburger Modell. Dresden: Selbstverlag der Technischen Universität Dresden.

Battelle for Kids (2019). P21 Partnership für 21st Century Learning. Framework for 21st Century Learning Definitions. https://static.battelleforkids.org/documents/p21/P21_Framework_DefinitionsBFK.pdf (Zugriff am 19.02.2024).

Belardi, N. (2002). Supervision. Grundlagen, Techniken, Perspektiven. München: Verlag C. H. Beck.

Belardi, N. (2020). Supervision und Coaching für Soziale Arbeit, Pflege, Schule. Freiburg: Lambertus.

Beljan, J. (2017). Schule als Resonanzraum und Entfremdungszone. Eine neue Perspektive auf Bildung. Weinheim: Beltz Juventa.

Berker, P. (1994). Externe Supervision – Interne Supervision. In H. Pühl (Hrsg.), Handbuch der Supervision 2 (S. 344–352). Berlin: Spiess Verlag.

Blendinger, A., Tober, S. (2015). Supervision zur Stärkung von Resilienz am Beispiel von Gruppensupervision mit Lehrkräften. OSC – Organisationsberatung Supervision Coaching, 22, 123–138. https://doi.org/10.1007/s11613-015-0413-5 (Zugriff am 19.02.2024).

Bundesministerium für Bildung und Forschung (BMBF) (2023). Was ist BNE? https://www.bne-portal.de/bne/de/einstieg/was-ist-bne/was-ist-bne_node.html (Zugriff am 19.02.2024).

Bourdieu, P. (1988). Homo Academicus. Frankfurt a. M.: Suhrkamp.

Buer, F. (2000). Profession oder Organisation? – Wem dient die Supervision? In H. Pühl (Hrsg.), Supervision und Organisationsentwicklung (2. Aufl., S. 70–103). Opladen: Leske und Budrich.

Busse, S., Tietel, E. (2018). Mit dem Dritten sieht man besser. Triaden und Triangulierung in der Beratung. Göttingen: Vandenhoeck & Ruprecht.

Cohn, R. C. (1975). Von der Psychoanalyse zur themenzentrierten Interaktion. Von der Behandlung einzelner zu einer Pädagogik für alle. Stuttgart: Klett-Cotta.

Denner, L. (2000). Gruppenberatung für Lehrer und Lehrerinnen. Eine empirische Untersuchung zur Wirkung schulinterner Supervision und Fallbesprechung. Bad Heilbrunn/Obb.: Klinkhardt.

Deppe, K. (2021). Supervision für Lehramtsanwärter:innen in der Pandemie. Krise Referendariat – Krise Corona – Krise im Lot? Forum Supervision, 30 (57), 24–42.

Deutsche Gesellschaft für Supervision e. V. (DGSv) (2010). Supervision – wirkungsvolles Beratungsinstrument in der Schule. Köln: DGSv.

Deutsche Gesellschaft für Supervision e. V. (DGSv) (2019). Organisationsinterne Supervision und organisationsinternes Coaching in der Praxis. Erfolge sichern, Krisen meistern, Mitarbeiter*innen voranbringen. Köln: DGSv. https://www.dgsv.de/wp-content/uploads/2023/05/Broschuere_Organisation_Supervision.pdf (Zugriff am 19.02.2024).

Deutsche Gesellschaft für Supervision e. V. (DGSv) (2023). Supervision/Coaching/Organisationsberatung. https://www.dgsv.de/beratung/supervision/ (Zugriff am 19.02.2024).

Drewes, S., Seifried, K. (2021). Aufgaben und Organisationsformen der Schulpsychologie in Deutschland. In K. Seifried, S. Drewes, M. Hasselhorn (Hrsg.), Handbuch Schulpsychologie. Psychologie für die Schule (3. Aufl., S. 42–55). Stuttgart: Kohlhammer.

Effinger, H. (2015). Ausbildungssupervision in der Sozialen Arbeit. Soziale Arbeit. Zeitschrift für soziale und sozialverwandte Gebiete, 4, 129–135.

Ehinger, W., Hennig, C. (1997). Praxis der Lehrersupervision (2. Aufl.). Weinheim: Beltz.

Erbring, S. (2007). Pädagogisch professionelle Kommunikation. Eine empirische Studie zur Professionalisierung von Lehrpersonen unter Supervision. Hohengehren: Schneider Verlag.

Erbring, S. (2009). Die Förderung professioneller Kommunikation in der Supervision. Supervision, 2, 42–51.

Erbring, S., Metzger, S. (2022). Supervision in der Schule. Ein Werkstattbuch für Lehrkräfte. Stuttgart: Kohlhammer.

Ewert, F. (2008). Themenzentrierte Interaktion (TZI) und pädagogische Professionalität von Lehrerinnen und Lehrern, Erfahrungen und Reflexionen. Wiesbaden: VS Research.

Forster, J. (2021). Schulpsychologie international. In K. Seifried, S. Drewes, M. Hasselhorn (Hrsg.): Handbuch Schulpsychologie. Psychologie für die Schule (3. Aufl., S. 97–105). Stuttgart: Kohlhammer.

Frick, J. (2021). Resilienz und Salutogenese im Lehrerberuf: Förderung und Aufrechterhaltung der Lehrer:innengesundheit. In K. Fröhlich-Gildhoff, M. Rönnau-Böse (Hrsg.), Menschen stärken. Resilienzförderung in verschiedenen Lebensbereichen (S. 109–155). Wiesbaden: Springer.

Furman, B., Ahola, T. (2020). Es ist nie zu spät, erfolgreich zu sein. Ein lösungsfokussiertes Programm für Coaching von Organisationen, Teams und Einzelpersonen. Heidelberg: Carl-Auer-Verlag.

Goleman, G., Senge, P. (2014). Triple Focus: A New Approach to Education. Florence: Kindle Edition, More Than Sound.

Grünewald, S. B. (2020). Schulpsychologische Arbeitsqualität aus Klientenperspektive. Einflussfaktoren auf Klientenzufriedenheit und Intensität der Inanspruchnahme von Angeboten des Schulpsychologischen Dienstes Ostthüringen. Jena: Friedrich-Schiller-Universität Jena.

Gutzwiller-Helfenfinger, E., Ziemes, J. (2017). Qualität der schulischen Sozialbeziehungen. In H. J. Abs, H. J., K. Hahn-Laudenberg (Hrsg.): Das politische Mindset von 14-Jährigen. Ergebnisse der International Civic and Citizenship Education Study 2016 (S. 279–305). München: Waxmann. https://www.waxmann.com/?eID=texte&pdf=3737Volltext.pdf&typ=zusatztext (Zugriff am 19.02.2024).

Hattie, J. (2015). Lernen sichtbar machen. Baltmannsweiler: Schneider Verlag Hohengehren.

Heintel, P. (2000). Supervision als Sinn- und Grenzreflexion – exemplifiziert am Beispiel einer sich entgrenzenden Wirtschaft. In H. Pühl (Hrsg.), Supervision und Organisationsentwicklung (2. Aufl., S. 20–31). Opladen: Leske und Budrich.

Helsper, W. (1996). Antinomien des Lehrerhandelns in modernisierten pädagogischen Kulturen., In A. Combe, W. Helsper (Hrsg.), Pädagogische Professionalität (S. 521–569). Frankfurt a. M.: Suhrkamp.

Heyse, H. (1989). Paradigmenwechsel in der Schulpsychologie. Report Psychologie, 1, 34–37.

Heimann, R. (2023). Berufsrollenreflexion an einer Fachschule für Sozialwesen. Forum Supervision. Onlinezeitschrift für Beratungswissenschaft und Supervision, 61 (31), 35–56. https://www.beratungundsupervision.de/index.php/fs/issue/view/457 (Zugriff am 19.02.2024).

Heppekausen, J. (2007). Supervision mit LehrerInnen: Erfolgskonditionierung unter ökonomischem Druck? Zeitschrift für Psychodrama und Soziometrie, 6, 247–267.

Huberman, M. (1991). Der berufliche Lebenszyklus von Lehrern: Ergebnisse einer empirischen Untersuchung. In E. Terhart (Hrsg.), Unterrichten als Beruf. Neuere amerikanische und englische Arbeiten zur Berufskultur und Berufsbiografie von Lehrern und Lehrerinnen (S. 249–267). Köln: Böhlau.

Hubrig, C., Herrmann, P. (2007). Lösungen in der Schule. Systemisches Denken in Unterricht, Beratung und Schulentwicklung. Heidelberg: Carl Auer.

Humpert, W., Dann, H. D. (2012). KTM kompakt. Basistraining zur Störungsreduktion und Gewaltprävention für pädagogische und helfende Berufe auf der Grundlage des Konstanzer Trainingsmodells (2. Aufl.). Bern: Hans Huber.

Jetzschke, M. (2018). Supervision mit Lehrkräften. Ein Leitfaden für die professionelle Beratung. Weinheim: Beltz.

Joswig, K. D. (2001). Supervision und Schule: Probleme und Entwicklungsperspektiven. Münster: LIT Verlag.

Jötten, B. (2007). Leitlinien und Idealskizze der Schulpsychologie. In T. Fleischer, N. Grewe, B. Jötten, K. Seifried, B. Sieland (Hrsg.), Handbuch Schulpsychologie. Psychologie für die Schule (S. 421–426). Stuttgart: Kohlhammer.

Jugert, G. (1998). Zur Effektivität pädagogischer Supervision: eine Evaluationsstudie schulinterner Gruppen-Supervision mit Lehrern. Frankfurt a. M.: Peter Lang.

Karutz, H. (2020). Notfälle und Krisen in Schulen. Prävention, Nachsorge, Psychosoziales Management. Edewecht: Stumpf & Kossendey.

Keller, G. (2022). Geschichte der Schulpsychologie. Vortrag auf der Tagung »100 Jahre Schulpsychologie in Deutschland« am 14.10.2022 in Mannheim.

Kim Berg, I., de Jong, P. (2003). Lösungen (er-)finden. Das Werkstattbuch der lösungsorientierten Kurztherapie (5. Aufl.). Dortmund: Verlag Modernes Lernen.

Kline, N. (2016). Time to think: Zehn einfache Regeln für eigenständiges Denken und gelungene Kommunikation. Hamburg: Rowohlt.

Klippert, H. (2007). Lehrerentlastung. Strategien zur wirksamen Arbeitserleichterung in Schule und Unterricht. Weinheim: Beltz.

Kultusministerkonferenz (KMK) (2020). Ländergemeinsame Eckpunkte zur Fortbildung von Lehrkräften als ein Bestandteil ihrer Professionalisierung in der dritten Phase der Lehrerbildung. Beschluss der Kultusministerkonferenz vom 12.03.2020. https://www.kmk.org/fileadmin/veroeffentlichungen_beschluesse/2020/2020_03_12-Fortbildung-Lehrkraefte.pdf (Zugriff am 19.02.2024).

Kotkamp., U. (2012). Gelingensbedingungen von Supervision an Schulen. Mittweida: Abschlussort, Fachhochschule Mittweida. https://monami.hs-mittweida.de/frontdoor/deliver/index/docId/2096/file/Abschlussarbeit_Uwe_Kotkamp.pdf (Zugriff am 19.02.2024).

Lindemann, H. (2016). Die große Metaphern-Schatzkiste. Band 2: Die Systemische Heldenreise. Systemisch arbeiten mit Sprachbildern. Göttingen: Vandenhoeck & Ruprecht.

Meidinger, H., Enders, C. (2007). Beratung, Supervision und Coaching in der Schule. In T. Fleischer, N. Grewe, B. Jötten, K. Seifried, B. Sieland (Hrsg.), Handbuch Schulpsychologie. Psychologie für die Schule (S. 300–320). Stuttgart: Kohlhammer.

Mietz, J. (2000). Schule in Bewegung – Beiträge von Supervision und Organisationsentwicklung. In H. Pühl (Hrsg.), Supervision und Organisationsentwicklung (2. Aufl., S. 429–451). Opladen: Leske und Budrich.

Mikula, E. (2008): Supervision und Coaching im schulischen Kontext – ein Modell für eine Institutionalisierung. In H. Krall, E. Mikula, W. Jansche (Hrsg.), Supervision und Coaching. Praxisforschung und Beratung im Sozial- und Bildungsbereich (S. 164–182). Wiesbaden: VS Verlag für Sozialwissenschaften.

Mogg, C. (2020): Gesundheitsförderung durch Supervision – zur Wirksamkeit von Einzelsupervision als Unterstützungsmaßnahme für Lehrkräfte. Zeitschrift für Evaluation, 1, 84–110. https://doi.org/10.31244/zfe.2020.01.05 (Zugriff am 19.02.2024).

Müller, A. A., Beumer, U. (2023). Beziehungen bauen. Die Dynamik zwischen Mensch und Raum in der Beratung. Göttingen: Vandenhoeck & Ruprecht.

Munk-Oppenhäuser, V. (2020). Gesundheitsorientiert führen. Die Konzeptionierung und Evaluation eines Coachings als Weiterentwicklung kleingruppenbasierter Führungskräfteworkshops. Mittweida: Abschlussarbeit, Fachhochschule Mittweida.

Pallasch, W. (1991). Supervision. Neue Formen beruflicher Praxisbegleitung in pädagogischen Arbeitsfeldern. Weinheim: Juventa.

Petermann, F. (1995). Zum Begriff der Pädagogischen Supervision. In F. Petermann (Hrsg.), Pädagogische Supervision (S. 14–15). Salzburg: Otto Müller.

Ptak, A. (2016). Die Entwicklung von Qualitätskriterien schulpsychologischer Arbeit am Beispiel des Schulpsychologischen Dienstes am Staatlichen Schulamt Ostthüringen. Eine Delphi-Studie. Jena: Friedrich-Schiller-Universität Jena.

Pundt, F., Felfe, J. (2011). Diagnose gesundheitsförderlicher Führung – das Instrument »Health-oriented Leadership«. In B. Badura, A. Ducki, H. Schröder, J. Klose, K. Macco (Hrsg.), Fehlzeiten-Report 2011: Führung und Gesundheit: Zahlen, Daten, Analysen aus allen Branchen der Wirtschaft (S. 3–13). Berlin: Springer.

Pundt, F., Felfe, J. (2017). HoL. Health oriented Leadership. Instrument zur Erfassung gesundheitsförderlicher Führung. Bern: Hogrefe.

Rappe-Giesecke, K. (2009). Supervision für Gruppen und Teams (4. Aufl.). Berlin: Springer.

Rauschenberger, P., Aringer, N. (2023). Supervision begleitend in den Lehrerberuf. Forum Supervision. Onlinezeitschrift für Beratungswissenschaft und Supervision, 61 (31), 57–70. https://www.beratungundsupervision.de/index.php/fs/issue/view/457 (Zugriff am 19.02.2024).

Reh, S. (2008). »Reflexivität der Organisation« und Bekenntnis Pespektiven der Lehrerkooperation. In W. Helsper, S. Busse, M. Hummrich, R.-T. Kramer (Hrsg.), Pädagogische Professionalität in Organisationen. Neue Verhältnisbestimmungen am Beispiel der Schule (S. 163–183). Wiesbaden: VS Verlag für Sozialwissenschaften.

Reimers, M. (2021). Konstruktion und Evaluierung eines Messinstruments für Prozess- und Ergebnisqualität schulpsychologischer Einzelfallberatung in Ostthüringen. Jena: Friedrich-Schiller-Universität Jena.

Rotering-Steinberg, S. (1995). Kollegiale Supervision oder Kollegiales Coaching. In F. Petermann (Hrsg.), Pädagogische Supervision (S. 53–68). Salzburg: Otto Müller.

Rutter, S., Weitkämper, F. (2022). Die (Re-)Produktion sozialer Ungleichheit in der Schule. Ein Thema für die Lehrkräfteausbildung. Gütersloh: Bertelsmann Stif-

tung. https://www.bertelsmann-stiftung.de/de/publikationen/publikation/did/die-re-produktion-sozialer-ungleichheit-in-der-schule (Zugriff am 19.02.2024).
Salomonson, B. (2017). Intervision. In W. Mertens, A. Hamburger (Hrsg.), Supervision – Konzepte und Anwendungen (S. 118–132). Stuttgart: Kohlammer.
Schein, E. H. (2000). Prozessberatung für die Organisation der Zukunft. Der Aufbau einer helfenden Beziehung. Köln: EHP.
Schlee, J. (1992). Beratung und Supervision in kollegialen Unterstützungsgruppen. In W. Pallasch, W. Mutzek, H. Reimers (Hrsg.), Beratung – Training – Supervision. Eine Bestandsaufnahme über Konzepte zum Erwerb von Handlungskompetenz in pädagogischen Arbeitsfeldern (S. 188–199). Weinheim: Juventa.
Schlee, J. (2004). Kollegiale Beratung und Supervision für pädagogische Berufe. Hilfe zur Selbsthilfe. Ein Arbeitsbuch. Stuttgart: Kohlhammer.
Schleicher, A. (2023). Die Zukunft der Schule. In: Die Schule brennt – der Bildungspodcast mit Bob Blume. https://www.ardaudiothek.de/episode/die-schule-brennt-mit-bob-blume/andreas-schleicher-die-zukunft-der-schule/swr3/94652774/ (Zugriff am 19.02.2024).
Schweizer, S. (2008). Professionalisierung von Lehrerinnen und Lehrern mit Hilfe der Supervision. Pädagogen berichten über ihre Erfahrungen mit Supervision. Saarbrücken: VDM-Verlag.
Seifried, K. (2021). Supervision und Coaching in der Schule. In K. Seifried, S. Drewes, M. Hasselhorn (Hrsg.), Handbuch Schulpsychologie. Psychologie für die Schule (3. Aufl., S. 401–410). Stuttgart: Kohlhammer.
Seifried, K., Drewes, S., Hasselhorn, M. (2021). Handbuch Schulpsychologie. Psychologie für die Schule (3. Aufl.). Stuttgart: Kohlhammer.
Seligman, M. E. P. (2012). Flourish – Wie Menschen aufblühen. München: Kösel-Verlag.
Senge, P. M. (2021). Die fünfte Disziplin. Kunst und Praxis der lernenden Organisation. Systemisches Management. Stuttgart: Schäffer-Poeschel.
Stadt Jena (2018). Ausweitung Kooperative Praxisberatung. Programm-Newsletter II/ 2018, S. 3. https://bildung.jena.de/sites/default/files/2019-05/Newsletter%20ABI%20II%202018.pdf (Zugriff am 22.09.2023).
Tenorth, H.-E. (2014). Kurze Geschichte der allgemeinen Schulpflicht. https://www.bpb.de/themen/bildung/dossier-bildung/185878/kurze-geschichte-der-allgemeinen-schulpflicht/ (Zugriff am 19.02.2024).
Tiefenthal, A. (2020). Mehr Aufmerksamkeit für pädagogische Beziehungen. https://deutsches-schulportal.de/unterricht/mehr-aufmerksamkeit-fuer-paedagogische-beziehungen/ (Zugriff am 19.02.2024).
Thüringer Ministerium für Bildung, Jugend und Sport (TMBJS) (2016). Rahmendienstvereinbarung Gesundheitsmanagement zwischen dem Thüringer Ministerium für Bildung, Jugend und Sport und dem Hauptpersonalrat im Geschäftsbereich des Thüringer Ministeriums für Bildung, Jugend und Sport.

https://www.thueringen.de/mam/th2/tmbwk/aktuell/organisation/hpr/rahmendienstvereinbarungen/rahmenvereinbarung_gesundheitsmanagement.pdf (Zugriff am 19.02.2024).

Tscheke, J. (2013). Bis dann, meine Helden! Themenzentrierte Interaktion im Unterricht mit Schülerinnen und Schülern mit Beeinträchtigung der körperlichen und motorischen Entwicklung. Bad Heilbrunn: Klinkhardt.

United Nations General Assembly (UN) (2015). Transforming our World: The 2030 Agenda for Sustainable Development. Resolution adopted by the General Assembly on 25 September 2015. A/RES/70/1 United Nations. https://sdgs.un.org/2030agenda (Zugriff am 19.02.2024).

Wurst, J., Grünewald, S. (2019). Evaluation der Arbeitsqualität des Schulpsychologischen Dienstes Ostthüringen in der Gebietskörperschaft Jena. Eine qualitative Interview-Studie. Unveröffentlichte Projektarbeit. Jena: Friedrich-Schiller-Universität Jena.

Wurst, J. E. (2021). Eine Evaluation der Klientenzufriedenheit mit der schulpsychologischen Beratung am Staatlichen Schulamt Ostthüringen: Unterschiede und Übereinstimmung in den Bewertungen aus Sicht von Schulleitern und Lehrkräften. Jena: Friedrich-Schiller-Universität Jena.